福

DER CHINESE
AUS TIROL

若瑟

2003

Grafische Gestaltung: Marion Prossliner, Athesiagrafik
Layout: Ulrike Teutsch und Erwin Kohl
Gesamtherstellung: Athesiadruck, Bozen

ISBN 88-8266-257-8

www.athesiabuch.it
buchverlag@athesia.it

Die Schreibweise entspricht den Regeln
der neuen Rechtschreibung

SEPP HOLLWECK

DER CHINESE AUS TIROL

PATER
JOSEF FREINADEMETZ
1852–1908

Mit herzlichen Segenswünschen
P. Sepp Hollweck

VERLAGSANSTALT ATHESIA | BOZEN

Inhaltsverzeichnis

Vorwort

Josef Freinademetz (1852–1908) aus dem Weiler Oies im Südtiroler Gadertal schloss sich als junger Geistlicher der Diözese Brixen der 1875 gegründeten Gemeinschaft der Steyler Missionare (SVD – Gesellschaft des Göttlichen Wortes) an und reiste 1879 nach China aus. Seine geliebten Dolomiten, wohl eine der schönsten Berglandschaften der Welt, sollte er nie wieder sehen. Als 1908 die Todesnachricht kam, hieß es in seiner Heimat, er sei »im Rufe der Heiligkeit« gestorben.

Josef Freinademetz war, gemessen an den üblichen Normen, kein bedeutender Mann; jedenfalls nicht in dem Sinne bedeutend, dass sein Name in Geschichtsbüchern, auch nicht in kirchlichen, genannt werden müsste. Und doch war Josef Freinademetz ein großer Mensch. In einer Zeit, da in Europa der Imperialismus in Hochblüte stand und die Überheblichkeit der weißen Rasse nicht mehr zu überbieten war, machte es sich Josef Freinademetz in Anlehnung an den großen Völkerapostel Paulus zum Programm, den Chinesen ein Chinese zu werden. Das drückt er selbst in einem Satz aus, der wie kein anderer als Resümee seines Lebens gelten kann: »Ich möchte auch im Himmel nichts anderes sein als ein Chinese!«

Gerade am Beginn des dritten Jahrtausends, da auch in Europa die Spannungen zwischen Völkern und Kulturen immer wieder neu aufbrechen, kann ein Mann wie er eine Leitfigur sein. Aufgewachsen im geschlossenen Siedlungsgebiet seiner kleinen ladinischen Minderheit, kam er im Alter von zehn Jahren in ein deutsches Kultur- und Sprachgebiet, um schließlich als junger Erwachsener seinen heimatlichen Kontinent für immer zu verlassen.

Als Freinademetz mit seinem Mitbruder Johann Baptist Anzer die Missionierung Süd-Shantungs übernahm, zählten sie

158 Christen. Als Freinademetz starb, waren es 40.000. Wie viele von den Nachfahren jener 40.000 heute noch etwas von der christlichen Frohbotschaft wissen, ist nicht bekannt. Wer sich in China offen zur Kirche bekennt, muss zumindest Nachteile in Kauf nehmen.

Waren die 29 Jahre aufopferndster Missionsarbeit des Josef Freinademetz umsonst?

Man kann es als Phänomen des Glaubens bezeichnen: Er, der buchstäblich alles verlassen hat, um den Menschen einer fremden Kultur zu dienen, ging damit seiner Heimat nicht verloren, sondern wurde ihr wiedergeschenkt wie kein anderer. Es ist überraschend, wie viele Menschen man, quer durch alle Lebensalter, in seinem Geburtshaus in Oies betend und meditierend antrifft, wie viele Menschen an diesem heiligen Ort das finden, was der Mensch nach den Worten des Josef Freinademetz so nötig hat: »Wie der Baum die Erde braucht, um Saft und Nahrung zu finden, so braucht die Seele das Gebet!«

Die folgende Abhandlung stützt sich vor allem auf das »Lebensbild nach zeitgenössischen Quellen« von Fritz Bornemann*. Die Zitate wurden teilweise der heutigen Sprache angepasst.

Sepp Hollweck SVD

* *Bornemann Fritz, Der selige P. J. Freinademetz 1852–1908, Ein Steyler China-Missionar, Ein Lebensbild nach zeitgenössischen Quellen, Analecta SVD – 36, Rom 1976*

Der Ujöp von Oies

»Vi et auctoritate Nostra apostolica ... Josephum Fre ... yde ... metz« Papst Paul VI. tat sich sichtlich schwer beim Aussprechen dieses Namens, dessen Träger er am 19. Oktober 1975 »in das Buch der Seligen eingeschrieben hat«, wie das in der offiziellen Kirchensprache heißt. Der sprachgewandte Johannes Paul II. hatte nicht weniger Schwierigkeiten, als er beim Konsistorium am 7. März 2003 die Heiligsprechung für den 5. Oktober 2003 ankündigte.

Die beiden Päpste waren nicht die ersten, die mit diesem Namen Schwierigkeiten hatten. »Josephum Frainadamez« schrieb Kooperator Johann Evangelist Fistil am Donnerstag, 15. April 1852, ins Taufbuch von Sankt Leonhard in Abtei im Südtiroler Gadertal. Erst ein paar Stunden zuvor, genau um 10 Uhr Vormittag, war der Bub zur Welt gekommen.

»Frainadamez« ist eine von mehr als zehn verschiedenen Schreibweisen dieses Namens, der nach den einen soviel wie »mitten am Abhang«, nach den anderen etwa »an der Bruchstelle eines Bergrutsches« bedeutet.

Wie dem auch sei – »Aus dem Buben wird einmal was ganz was Besonderes«, prophezeit Therese Piristi, ihres Zeichens Hebamme und wohl noch etwas außer Atem von dem halbstündigen Weg quer durch die Wiesen herauf nach Oies, als sie den Neugetauften in die Arme der Wöchnerin legt, Worte, die sie wohl vielen jungen Müttern gesagt hat. Die Antwort wird sie wohl auch oft gehört haben: »Ja, ein Hallodri vielleicht ...« Ein Mädchen und zwei Buben hatten die Freinademetz schon, neun weitere Kinder folgten, von denen vier bald nach der Geburt starben.

Vater Johann Matthias, oder »Giovanmatia«, wie er sich auch schreibt, ist heilfroh, dass seine Frau die Geburt gut überstanden hat. Vier Jahre ist es her, dass er Anna Maria Sottvalgiarei heimgeführt hat. Zuvor hatte er den hölzernen Oberbau des »neuen Hauses«, wie man es nannte, erneuert. Noch heute ist in der Holzdecke der großen Stube neben dem Monogramm IHS die Jahreszahl 1848 zu entziffern.

Um diese Zeit, am Ende der Schneeschmelze, hatte Giovanmatia alle Hände voll zu tun. Reich war er nicht, aber dafür ein freier Mann. Und letzteres hat man in Tirol immer schon zu schätzen gewusst. Der Besitzer des neuen Hauses von Oies, einem aus ein paar Häusern bestehenden Weiler, nannte knapp 20 Hektar sein Eigen. Davon waren an die sieben Hektar unproduktives Gelände. Rund einen halben Hektar machte das kleine Waldstück aus. Der Rest bestand zum großen Teil aus Wiesen. Getreide wächst in dieser Höhe kaum mehr. Oies liegt 1500 Meter hoch, rund 200 Meter über der Kirche Sankt Leonhard, neben Schule und Gasthäusern das Zentrum von Abtei. Abtei ist mit seinen umliegenden Dörfern und Weilern die größte Gemeinde des Gadertales. Dass Badia, wie Abtei auf ladinisch und italienisch heißt, einmal eine Touristenhochburg werden würde, davon träumte zu Beginn der zweiten Hälfte des 19. Jahrhunderts noch niemand.

Das Gadertal war eine Welt für sich. Nach der einen Seite durch das Grödner Joch, den Campolungosattel und den Falzaregopass begrenzt, war es zum Pustertal hin durch einen besseren Saumpfad mit der großen weiten Welt verbunden. Wie das benachbarte Gröden ist das Val Badia ladinisch, das heißt, die Bewohner gehören zu jenen heute rund 18.000 zählenden Südtirolern, die das rätoromanische Ladinisch als Muttersprache sprechen. Ladinisch ist nicht etwa ein übrig gebliebenes Latein oder ein italienischer Dialekt, sondern neben Deutsch und Italienisch offizielle Landessprache in Südtirol. Abgeleitet von Abtei/Badia nennen sich die Bewohner des oberen Gadertales »Badioten«.

Ujöp, so heißt Josef auf ladinisch, kam über die engen Grenzen seines Heimattales zum ersten Mal im stolzen Alter von zwei Jahren hinaus. Johann Evangelist Flatscher, Hilfslehrer von Abtei, kam schön ins Schwitzen, als er mit dem Freinademetzsprössling den alten Saumweg hinauf nach Enneberg und dann hinunter ins Pustertal marschierte: Man schrieb den 11. Juli 1854, Weihbischof Georg Prünster war von Brixen nach Bruneck zur Firmung gekommen. In jenen Zeiten ist »die Sitte allgemein geworden, alle Kinder ohne Unterschied des Alters zur Firmung zu bringen«, schreibt Vinzenz Gasser, in späteren Jahren Fürstbischof von Brixen.

Das alltägliche Leben war oben in Oies nicht gerade ein Honiglecken. Familie Freinademetz teilte das Los der Bergbauern, und das war dürftig und hart. Für Giovanmatia und seine Frau Anna Maria fing der Tag schon vor Sonnenaufgang an: im Winter gegen fünf, im Sommer noch früher. In der Mädchen- und Bubenkammer begann es eine Stunde später zu rumoren. Um sechs standen alle in der guten Stube. Giovanmatia legte Wert darauf, seine Sprösslinge zum Morgenkaffee um sich zu haben. Ein »Gelobt sei Jesus Christus« galt als Morgengruß, dann kniete man nieder auf die harten Bohlen zum gemeinsamen Morgengebet: der Engel des Herrn, ein Vaterunser und das Schutzengelgebet.

Tirol verdiente in damaligen Zeiten zurecht den Titel »heiliges Land«. Nach Josefa, einer der jüngeren Schwestern Ujöps, war der Tagesablauf von Gebeten geprägt: »Vor und nach Tisch beteten wir das Vaterunser, das Gegrüßt seist du Maria und das Ehre sei dem Vater. Mittags kam der Engel des Herrn dazu. Den Abendrosenkranz beteten wir kniend vor dem Muttergottesbild in der guten Stube. Das eigentliche Abendgebet musste jeder für sich im Bett verrichten. Wenn einer von uns krank war, wurde für ihn ein Vaterunser drangehängt. War im Dorf jemand gestorben, beteten wir für seine Seelenruhe; wenn es ein Kind war, baten wir um seine Fürbitte. Der Englische Gruß zum Ave-Läuten in der Frühe, zu Mittag und am Abend gehörte genauso zum Brauch wie das Todesangst-Gebet zum blutschwitzenden Heiland im Ölgarten, wenn am Donnerstagabend von Sankt Leonhard herauf die ›Große‹ zu hören war. Beim Drei-Uhr-Läuten am Freitag gedachten wir des sterbenden Erlösers am Kreuz und beteten zu Ehren der fünf Wunden fünf Vaterunser, Gegrüßet seist du Maria und das Glaubensbekenntnis.«

Was Josefa da aufzählt, sind lediglich die »üblichen Gebete«. Für Giovanmatia und Frau Anna Maria war Beten ein Teil des Alltags und des Lebens. Sie kniete oft vor dem Muttergottesbild in der Stube, er segnete seine Felder mit Weihwasser, »damit der Herrgott das Korn wachsen lässt«. Wenn es irgendwie ging, besuchte Giovanmatia auch im Sommer jeden Tag die Messe unten in Sankt Leonhard, was immerhin ein Weg von einer halben Stunde ist; im Winter war das eine Selbstverständlichkeit. Am Sonntag ging man geschlossen zur Messe, zur Predigt (die damals noch von der Messe getrennt gehalten wurde) und zur Nachmittagsandacht. Einmal im Monat war Familienkommunion.

Sobald die Schneeschmelze eingetreten war und die Steige einigermaßen begehbar wurden, pilgerte Vater Freinademetz jede Woche hinauf zum Heiligkreuz-Kirchlein am Kreuzkofel oberhalb von Oies. Das bedeutete mehr als eine Stunde Fußmarsch.

»Die Fastenzeit hielten unsere Eltern sehr streng ein«, berichtet Josefa weiter, »die vierzig Tage sahen wir weder Fleisch noch Schmalz.«

»Unser Tisch war denkbar einfach«, erinnert sich Johann Evangelist Freinademetz, jüngerer Bruder des Ujöp, »Gerste, Mehlsuppe aus Gerste und Hafer, Bohnen und Kartoffeln. Fleisch gab es höchstens an Sonntagen; wenn wir während der Woche was in den Knödeln bekamen, so war das ein Festtag für uns.« Die elfköpfige Familie musste in einem Jahr mit einem halben Schwein auskommen, »die andere Hälfte wurde verkauft«, erinnert sich Johann leidvoll und fügt noch hinzu, dass es zu trinken nur Wasser gegeben hat, »Wein haben wir nie gesehen!«

Kein Wunder, dass der Missionar später in China die einfache Nahrung der Shantung-Bauern »ganz wie daheim« fand: Dort gab es Mehlsuppe, Knödel, Nudeln und Bohnen.

Am 22. November 1858 traf das Los aller Kinder auch den rotblonden Freinademetz-Buben aus Oies: Ujöp war ganze sechs Jahre alt und hatte von nun an Tag für Tag eine der harten Schulbänke von Abtei zu drücken. »Vor der Schule waren wir natürlich jeden Tag in der Messe«, ergänzt Schwester Josefa – für die Kinder von Giovanmatia und Anna Maria war alles, was mit Beten zusammenhing, das Natürlichste der Welt.

»Besondere Leuchten waren wir Freinademetzkinder in der Schule nicht gerade«, gesteht Josefa ein. Ihre Tochter drückt das vornehmer aus: »Meine Mutter und meine übrigen Onkel und Tanten waren alle nur mittelmäßig talentiert. Von den besonderen Talenten, mit denen mein hochwürdiger Onkel Josef gesegnet war, haben nach den Aussagen meiner Mutter die anderen Geschwister wenig geerbt.«

Tatsächlich fiel Ujöp in dieser Beziehung aus der Reihe der Freinademetzkinder. »Der brachte immer die besten Zeugnisse heim«, erinnert sich Josefa noch nach Jahrzehnten.

Josefs Jahrgang zählte neun Buben und sechs Mädchen. Sie saßen mit drei weiteren Jahrgängen in einem Klassenzimmer. Lehrer waren die Kooperatoren von Abtei, tatkräftig unterstützt vom Firmpaten Ujöps, Hilfslehrer Johann Flatscher. »Wunderkind war der Freinademetz keines, wohl begabt und fleißig«, so schätzte ihn sein langjähriger Banknachbar Giuseppe Piccolruaz ein und vergaß auch nicht, die angenehmen Seiten seines später so berühmten Nachbarn anzuführen: »Er hat mir oft geholfen und was vorgesagt.« Letzteres scheint auf Gegenseitigkeit beruht zu haben, jedenfalls heimste Giuseppe einmal eine saftige Ohrfeige ein, »weil ich dem Ujöp ein wenig zu laut was eingeflüstert habe!« Summa summarum lässt er auf Freinademetz nichts kommen: »Er war ein guter Charakter!«

»Der Ujöp wäre recht zum Studieren!« Johann Matthias Freinademetz bekam das vom Kooperator und vom Pfarrer zu hören. »Studieren«: Wenn Pfarrer und Kooperator das sagten, dachten sie wohl ans Priesterwerden. Wollte Ujöp das? »Studieren«, das hieß auch fort von Abtei, das hieß hinaus nach Brixen. »Ich tät' ihn ja gern studieren lassen«, wird wohl Giovanmatia gedacht haben, »aber woher das Geld nehmen?« Verwandte, bei denen der Kleine unterkommen hätte können, hatten sie in Brixen auch nicht.

Den letzten Ausschlag gab dann Franz Thaler, Weber von Sottrù, einem kleinen Weiler, fünf Minuten von Oies entfernt. Für Abtei war er ein weitgereister Mann. »Ich bring' euch den Buben schon unter in Brixen, ich kenne mich da aus«, wird er den Leuten vom neuen Haus in Oies wohl versichert haben. Und die werden »in Gottes Namen denn« zugestimmt haben. Für sie war Brixen fast schon eine Großstadt, in der auf ihren Buben alle möglichen Gefahren lauerten.

An Eisack und Rienz

Ausgerüstet mit einem Empfehlungsschreiben von Kurat Johann Enrich, einem Sack notwendiger Kleidung und den guten Wünschen und Gebeten der ganzen Familie machte sich der zehnjährige Rotschopf mit seinem Führer auf den Weg nach Brixen. Über Pescol und Peitlerkofelscharte und durch das Aferer Tal ist das ein Fußmarsch von elf Stunden. Für Ujöp tat sich mit Schritt und Tritt eine ganz neue Welt auf. Je weiter sie ins Eisacktal hinunterkamen, desto mehr hatte er zu staunen. Die Bischofsstadt am Zusammenfluss von Eisack und Rienz liegt 1000 Meter tiefer als Oies. Äpfel, Birnen und Kastanien, ja sogar Trauben wuchsen hier. Das alles kannte der Bub nur vom Hörensagen.

Und dann die Stadt selbst ... Noch nach Jahrzehnten erzählte Josef Freinademetz in China lachend von den verwirrenden Eindrücken, die damals auf ihn niederprasselten. »Ich war ja noch nie über die engsten Grenzen meiner Heimat hinausgekommen. Wir Badioten waren in unserer Einschichtigkeit furchtbar weltfremd.«

Der Bub war die Einöde und Weite von Oies gewohnt, die vielen Leute, die aneinander gebauten Häuser und die engen Gassen verwirrten ihn.

Der Weber durchzog mit Ujöp im Schlepptau die ganze Stadt. Es galt, ein freies Quartier und für die einzelnen Tage bei verschiedenen Familien und Klöstern einen »freien Tisch«, also ein kostenloses Mittagessen zu erbetteln. Ujöp wusste zwar, worum es ging, verstehen aber konnte er vieles nicht, was der Weber jedes Mal vortrug. Seine Deutschkenntnisse waren schwach. Als eine Frau den Bitten Franz Thalers nicht nachgeben wollte, flüsterte der dem Buben auf ladinisch zu, er solle ihr die Hand küssen. Ujöp kam dies komisch vor, so was hatte er noch nie getan, aber wenn der Weber meinte ... Er küsste der Frau die Hand, die Kost war für einen weiteren Tag sicher!

Die Unterkunft für seinen Schützling fand der kundige Thaler bei einer alten, etwas schrulligen Frau, die selbst aus Abtei stammte. Sie ging mit Bändern und Schnüren hausieren. Der kleine Freinademetz erhielt bei ihr zwei Jahre lang Quartier und Frühstück. Was dem Bergbauernbuben gar nicht recht eingehen wollte, war der strikte Befehl der alten Frau, jeden Abend vor dem Zubettgehen die Füße zu waschen. Den Geschwistern, denen er das schrieb, kam das genauso komisch vor: »Jeden Tag die Füße waschen ...«

Noch im Herbst machte sich Johann Matthias auf den Weg noch Brixen: »Schließlich muss man doch nachschauen, was der Bub für ein Leben führt.« Mutter Anna Maria gab Vater Freinademetz einen Sack Bauernbrot, so genanntes »Schüttelbrot« mit. Das kam dem Ujöp sehr gelegen: Von nun an aß er, solange der Vorrat reichte, zum Frühstück Brennsuppe mit original hartem Oieser Schüttelbrot. Da ließ sich auch das Heimweh einigermaßen ertragen.

Die Brennsuppe war aber auch das einzige, was er an Gewohntem beibehalten konnte. Sonst war für den Zehnjährigen jetzt vieles anders, sogar der Name. Kein Mensch rief ihn in Brixen mit dem vertrauten »Ujöp«, das deutsche Josef war jetzt sein Rufname, von den meisten durch »Seppl« abgeschwächt. Der Bub gewöhnte sich daran, wie er sich auch an das Stadtleben gewöhnte, an die vielen fremden Leute, an die eng aneinander gebauten Häuser, an die täglichen Bittgänge zu seinen Kostleuten – und an das allabendliche Fußwaschen ...

Vom Sopran zum Tenor

Das wichtigste aber, an das er sich zu gewöhnen hatte, war die deutsche Sprache. Das war der Grund, dass er in den ersten zwei Jahren in Brixen die dritte und die vierte Klasse Volksschule besuchen musste. Mit dem zähen Willen eines Bergbauern lernte er Deutsch, bis er Vorzugsschüler war, »obwohl nicht Muttersprache«, wie in den Zeugnissen extra vermerkt wurde. Danach war die Aufnahmeprüfung für das österreichische kaiserlich-königliche Gymnasium zu Brixen kein Problem mehr. Die Wege dorthin hatte ihm der kundige Weber von Sottrù, Franz Thaler, geebnet. Das scheint gar nicht so einfach gewesen zu sein. Offensichtlich hatte sich der Weber von den Augustiner-Chorherren von Neustift, die das Gymnasium in Brixen leiteten, wegen seines Schützlings recht dumm anreden lassen müssen, denn Freinademetz bedankte sich noch nach der Primiz dafür, »dass du für mich die Vorwürfe geschluckt hast«.

Aber der Weber scheint mit jenem Beharrungsvermögen ausgestattet gewesen zu sein, das man einem Tiroler Dickschädel nachsagt. Die Chorherren nahmen jedenfalls den Buben. Und sie sollten es nicht bereuen: »Am Ende des Schuljahres brach immer das ›letzte Gericht‹ an: Die Studenten versammelten sich im altertümlichen Saal des Rathauses beim Weißen Turm. Die drei Besten einer Klasse erhielten Preise. Unter diesen drei Auserwählten glänzte immer, manchmal an erster Stelle, Josef Freinademetz. Der Fürstbischof selber überreichte die Preise«, so Mitschüler Josef Liensberger.

Als Freinademetz im Sommer 1872 die »Maturitätsprüfung« ablegte, war er »erster unter zwanzig Schülern«, wie das Zensurbuch festhält. »Ich hab' dafür ganz schön büffeln müssen«, bekennt er später als Provinzial in China seinen Mitbrüdern. Mit Büffeln allein wird man freilich kein Primus, zumal das Ausleseverfahren in damaligen Zeiten äußerst streng gehandhabt wurde. Bischof Henninghaus, sein späterer Schüler in China, bescheinigt ihm eine leichte Auffassungsgabe und ein gutes Gedächtnis. Nach seinen Worten war Freinademetz ein ausgesprochenes Sprachentalent, in Latein eine Koryphäe! Trotzdem gingen die Leiden eines Schülerdaseins an Seppl nicht spurlos vorüber: »An Prüfungstagen hat mir beim Aufstehen schon der Bauch weh getan!«

Seit seinem Eintritt ins Gymnasium wohnte er nicht mehr bei der schrulligen Witwe, sondern im Kassianeum, Brixens bischöflichem Knabenseminar, wo er einen Freiplatz erhalten hatte. Bedingung für die Aufnahme in dieses Internat war zumindest der Wunsch, einmal Priester werden zu wollen. Wollte der Zwölfjährige das? Was er von seinem Elternhaus mitbrachte, war die beste Voraussetzung dafür. Giovanmatia und Anna Maria Freinademetz lebten ein bäuerlich einfaches Christentum. Der Glaube war für sie nichts Aufgepfropftes, sondern tägliches Leben. Josef hat von Kindesbeinen an erlebt, wie seine Eltern beteten: Nicht bigott, im »Rette-deine-Seele«-Stil; vielmehr wurde immer des kranken Nachbarn, der notleidenden Dorfbewohner und der trauernden Hinterbliebenen gedacht.

Als Schüler des Kassianeums wurde der Seppl bald in ganz Brixen und Umgebung bekannt. Der Internatschor musste an Sonn- und Feiertagen im Dom aufmarschieren. Der Rotschopf vom Gadertal avancierte mit seinem lupenreinen Sopran zum Solosänger. »Den haben wir damals wegen seiner Stimme alle bewundert«, erzählt sein Klassengenosse Franz Mair. Bewunderung brachte man ihm auch von ganz anderer Seite entgegen. Maria Valentin: »Als Mädchen war meine Mutter in Natz bei Brixen angestellt. Zum Kassiansfest ging sie extra nach Brixen, um den Studenten Freinademetz zu sehen, weil der damals schon durch seine außergewöhnliche Frömmigkeit auffiel.« – Es scheint, ihre Mutter erzählte ihr von einer Zeit, da der Sopran des Seppl zum Tenor des Josef ausgereift war …

Zu Hause in den Ferien gab's für den Studenten keine Extrawurst. Die Wiesen mussten gemäht, das Heu unter Dach und Fach gebracht werden. »Gute Luft und Arbeit haben noch niemandem geschadet!« Diese Devise vertrat wohl auch Vater Freinademetz. Geärgert hat es ihn dann schon, wenn der Herr Studiosus sich beim Heuen so anstellte, dass der Rechen kaputtging. »Die gescheiten Leute haben beim Arbeiten immer schon zwei linke Hände gehabt ...«, wird er da wohl gebrummt haben, aber es freute ihn, dass ihm sein Sohn zur Hand ging. Schließlich wurde der Vater auch immer älter und die Hänge nicht flacher.

Überhaupt war der Herr Student zu Hause wieder ganz der Ujöp von ehedem, spielte mit den Geschwistern, sprach die Sprache des einfachen Bauern und war sich für nichts zu fein. »Du musst dich doch allmählich müde studieren in Brixen unten«, sagte sein Taufpate voller Bewunderung. »Man muss es eben nehmen, wie es kommt, vom Herrgott kommt das Gute und das weniger Gute!« antwortete der Student. So eine Rede verstanden die Bauern vom Gadertal.

»Kohlrabenschwarze Neger«

Auf dem Gymnasium in Brixen hatte die Freinademetzklasse drei Jahre lang einen Lehrer, der wie kein anderer die große weite Welt in das Eisacktal brachte: Dr. Chrysostomus Mitterrutzner, Chorherr von Neustift und begeisterter Förderer der »auswärtigen Missionen«. Den Tiroler Buben blieb der Mund vor Staunen offen, wenn ihr Lehrer aus Briefen von Missionaren vorlas, die in Ägypten, im Sudan oder an den Ufern des Weißen Nils geschrieben worden und monatelang unterwegs gewesen waren. Die großen österreichischen Zeitungen brachten immer wieder Artikel über fernste Länder aus der Feder Mitterrutzners. Das machte seine Schüler nicht wenig stolz! Noch Jahre danach erzählte man sich bis in die hintersten Täler Tirols, dass ein Professor von Brixen acht »leibhaftige, kohlrabenschwarze Neger« aus dem fernen Afrika in die Bischofsstadt gebracht habe. Das geschah immerhin zu einer Zeit, in der es noch viele weiße Flecken auf den Landkarten gab und Forscher wie David Livingstone als erste Weiße ins Herz Afrikas vorstießen!

In Brixen tauchten auf Einladung Mitterrutzners immer wieder Missionare auf und erzählten von Abenteuern, die jedes Bubenherz höher schlagen ließen. Josef Freinademetz war bald Feuer und Flamme. »Ich möchte einmal in die Missionen«, vertraute er seinen Freunden an.

»Ich habe damals gebetet und gebetet«, erzählte er später seinen Mitbrüdern, »aber Missionar werden war für mich aussichtslos, wo hätte ich denn dafür studieren sollen?« Der weltoffene Missionsgeist, der in der Residenzstadt des Fürstbischofs immer wieder zum Ausdruck kam, ist für damalige Zeitläufe einmalig in der k. u. k. Donaumonarchie, wenn nicht im ganzen deutschen Sprachraum.

Wie sehr den Studenten aus Oies die Idee der Mission bereits erfasst hatte, geht aus seiner Betroffenheit hervor, die eine Predigt über Klagelieder 4,4 in ihm bewirkte: »Kinder betteln um Brot; keiner bricht es ihnen.« Für ihn war die Interpretation dieser Worte eindeutig: »Damit sind die Heiden gemeint!«

Seinem Alter entsprechend sah er sich in seinen Träumen von Scharen fremdländischer Kinder umgeben, die begierig an seinen Lippen hingen. Scheu vor anderen Völkern, Kulturen und Sprachen kannte er von Haus aus nicht. Außerhalb seines Heimattales sprach man Deutsch, Italienisch hatte er schon in der Volksschule von Oies gelernt. Noch dazu wuchs er in einem Staat auf, in dem der völkerverbindende Gedanke staatstragend war; die österreichisch-ungarische Monarchie stand in diesen Jahrzehnten unter dem jungen Kaiser Franz Joseph in Hochblüte.

Übers Brückele

Von den zwanzig Maturanten des Jahrganges 1872 am königlich-kaiserlichen Gymnasium Brixen entschieden sich elf für das Studium der Theologie. Zehn von ihnen hielten im Herbst desselben Jahres »übers Brückele« ihren Einzug in den spätbarocken Prachtbau des Brixner Priesterseminars. Unter ihnen war der nunmehr zwanzigjährige, schlanke, fast hagere, rotblonde Ladiner Josef Freinademetz aus Oies im Gadertal. Der stille Badiot bekam zusammen mit seinem langjährigen Schulfreund Eduard Stemberger ein kleines Mansardenzimmer zugeteilt. Freinademetz war mit sich und der Welt zufrieden. »Ich bin mit Gottes Gnade gesund und munter«, schreibt er seinem alten Freund und Gönner, dem Weber von Sottrù, »es gefällt mir hier im Seminar sehr gut. Wir haben genug zu essen und zu studieren, was will unsereiner mehr!« Er wusste, was den einfachen Mann, der ums tägliche Brot für sich und seine Familie hart arbeiten und manchmal hungern musste, am ehesten interessierte: »Mittags gibt es drei, manchmal vier Gänge, und täglich Braten. Um einmal Braten für alle zu servieren, muss ein ganzes Kalb geschlachtet werden!« – Das war für Oieser Ohren das reinste Schlaraffenland. »Der Wein«, so fährt Josef fort, »wird auch immer teurer, da bleibt nichts anderes übrig, als eben weniger trinken! Mit meinem Zimmer bin ich, obwohl es ungeheizt ist, ebenfalls sehr zufrieden. Die Fensterscheiben sind von Eis und Schnee bedeckt, ich fürchte, auch das Weihwasser und das Wasserbecken werden zufrieren, aber das macht mir nichts aus.« – Das erinnert eher wieder an das raue Klima droben in Oies.

Der Weber Franz Thaler war ganz aus dem Häuschen vor Ehrfurcht, was aus dem kleinen Buben geworden war, den er damals nach Brixen gebracht hatte. Er getraute sich in seinen

Briefen an den Herrn Seminaristen gar nicht mehr »du« zu sagen. Damit war er aber an den Falschen geraten. Am 24. November Anno Domini 1872 erging ein Schreiben an den hochwohllöblichen Franz Thaler, vulgo Weber von Sottrù, worin ihm der Seminarist Josef Freinademetz kundtat, er werde ihn »mit den Fäusten traktieren oder zumindest mit Schneeballen malträtieren«, wenn er, der Weber, es noch einmal wage, ihn, den Josef Freinademetz, alias Ujöp von Oies, zu »siezen«: »Du Schelm, da mir dieses ›Sie, Sie‹ natürlich auch schmeichelt und wie Honig schmeckt, bin ich gern bereit, zu verzeihen, wenn Du aufrichtig Reue erweckst und den Vorsatz fasst, nie wieder ein derartiges Verbrechen zu begehen!« Zur Bekräftigung fügte der Student eine Karikatur bei, auf der ein Mann mit Kreuz einem Mann mit Weberschiffchen die Fäuste zeigt.

Die Nachwelt verdankt damit dem »Sie« des Webers eine Rarität: Die eigenhändig gezeichnete Karikatur des heiligen Josef Freinademetz, und nicht nur das: Josef schrieb den Anfang des Briefes in ladinischer Sprache – der einzige längere ladinische Text, der sich aus seiner Korrespondenz erhalten hat.

Das geistliche Leben – und oft genug auch das politische – im Tirol der damaligen Zeit war von der Persönlichkeit eines Mannes geprägt: Vinzenz Gasser, Fürstbischof von Brixen. Auf dem Ersten Vatikanischen Konzil war er eine der führenden Gestalten gewesen. Papst Pius IX. nannte ihn eine »Säule des Konzils«. Ganz Brixen war denn auch am 20. Juli 1870 auf den Beinen, um seinem aus Rom zurückkehrenden Bischof einen triumphalen Empfang zu bereiten.

Der Fürstbischof ließ es sich trotz seiner vielen Verpflichtungen – seine Diözese umfasste Gebiete der heutigen Diözesen Bozen-Brixen, Belluno, Innsbruck und Feldkirch – nicht nehmen, seinen Priesterstudenten wöchentlich eine Privatvorlesung zu halten. Die Prüfungen der Alumnen des ersten und zweiten

Jahrgangs ließ er sich nur selten entgehen. Der Student Josef Freinademetz war dem hohen Herrn bald kein Unbekannter: Er gehörte von Anfang an zur »Gruppe 1 mit Vorzug«.

Die Theologie, die damals in Brixen gelehrt wurde, trug überraschend viele missionarische Züge. Moraltheologie hörte Freinademetz bei einem ehemaligen Missionar. Kirchengeschichte und Dogmengeschichte las Johann Nepomuk Zobl, der Thesen vertrat, über die sich noch 90 Jahre später die Konzilsväter des Zweiten Vatikanischen Konzils die Köpfe heiß redeten. Zobl sah in der heidnischen Welt – trotz »Irrtum und Laster« – »noch manche Strahlen der Wahrheit und Tugend«, sah darin »Spuren der religiös-sittlichen Anlage des Menschen ..., der Uroffenbarung ...«.

Für Josef Freinademetz waren derlei Gedanken Wasser auf seine Mühlen. Die Missionsidee ließ ihn nicht mehr los.

La Gran Naziun

Überall redete man in diesen Jahren vom erwachenden Nationalismus. Die Ladiner im Priesterseminar von Brixen trugen dem Rechnung. Sie schlossen sich zu dem Verein »La Gran Naziun« zusammen. Die »Große Nation« zählte in ihrer Blütezeit ganze sechs Mann, unter ihnen der Badiot Josef Freinademetz aus Oies.

Am 8. November 1874 erhielt dieses erlauchte Gremium ladinischer Zunge eine Kostprobe Freinademetzscher Gedankenwelt in Form einer Probepredigt: »In meinem Innern höre ich um Hilfe rufen mit ›unaussprechlichen Seufzern‹. Um Hilfe ruft eine sonst nie gehörte Stimme, Tausende von Meilen von uns entfernt, hoch im Norden, dann in Afrika, in Amerika, in Asien. Für diese unsere armen Brüder, die vielleicht am meisten von allen das Elend dieser Welt spüren, will ich heute ein Wort einlegen.« Er hatte sich gut vorbereitet. Mit anschaulichen Beispielen aus aller Herren Länder untermauerte er den Missionsauftrag der Kirche. Seine Analyse der aktuellen Situation: »Im alten Rom richtete man die Christen hin – und machte sie zu Märtyrern. Die Christenverfolger unserer Tage gehen anders vor: sie wollen nicht Märtyrer, sie wollen den Abfall vom Glauben, auch wenn sie das erst nach Jahren erreichen!« Als Beispiel nannte er – China!

Der Kooperator von Sankt Martin

Am Fest des Apostels Jakobus, am 25. Juli 1875, ist Josef Freinademetz am Ziel. In der Kirche des Brixner Priesterseminars spricht er sein endgültiges »adsum« – »Ich bin bereit«. Fürstbischof Vinzenz Gasser legt ihm die Hände auf und weiht ihn zum Priester.

Droben in Oies und in Abtei hat man nun alle Hände voll zu tun. Eine Primiz ist ein außerordentliches Ereignis, da kommen die Leute von weiß Gott woher. »Die sollen nur sehen, wie schön die einzelnen Höfe sind ... Schließlich hat man ja auch seinen Stolz ...«

Einer, der den Tag kaum erwarten kann, ist Franz Thaler, der Weber von Sottrù. Er hat den Buben vor vierzehn Jahren über die Berge nach Brixen gebracht, jetzt holt er auf dem selben Weg den Primizianten zurück in sein Heimattal. »So, Freinademetzmutter, da hast deinen Lump wieder!« Übers ganze Gesicht grinsend erinnert er Anna Maria an den Auszug. »Weber, wenn aus dem Buben ein Lump wird ...«, hat sie damals voller Sorge gesagt. Jetzt stehen ihr die Tränen in den Augen.

Donnerstag, 5. August, Fest Mariä Schnee – im heiligen Land Tirol natürlich ein Feiertag –, ist Primiz. Es regnet in Strömen.

»Meine nagelneue Schützenuniform – durch und durch nass – den Musikanten und den Kranzljungfrauen ging es genauso! Aber schön war es trotzdem«, Giuseppe Piccolruaz war stolz auf seinen ehemaligen Banknachbarn, für den er anno dazumal eine Ohrfeige eingesteckt hatte.

Für den Neupriester beginnt noch nicht der volle Ernst des Lebens. Im Herbst rückt er wieder in Brixen ein, er muss noch zwei Semester studieren. Im Sommer 1876 schließt er dann sein Theologiestudium endgültig ab.

In der Nummer 19 des Brixner Kirchenblattes vom 4. Oktober heißt es unter »Veränderungen im Klerus der Diözese«: »Josef Freinademetz, Neosac. (Neupriester) in Abtei, als Kooperator nach Sankt Martin«.

Sankt Martin in Thurn liegt im Gadertal und ist zwölf Kilometer von Abtei entfernt. Der Großteil der damals 730 Einwohner lebt auf den weit verstreuten Berghöfen. »Das hält gesund«, ist die Devise des Kuraten Peter Trebo, wenn er wieder einmal seinen Kooperator auf irgendeinen entlegenen Hof schickt.

Die Hauptaufgabe des Neupriesters hat mit Seelsorge nur teilweise zu tun: die 1729 in Sankt Martin gestiftete Kooperatur war mit der Verpflichtung verbunden, von November bis April den Kindern Lesen und Schreiben beizubringen.

Freinademetz tut seine anfallenden Pflichten und Arbeiten gern. Die Bauersleute achten ihn als einen der Ihren, die Kinder grüßen ihn ehrerbietig. Der junge Kooperator könnte zufrieden sein – aber da ist etwas, das in ihm bohrt: Der Gedanke an die Mission lässt ihn nicht los, drängt sich immer mehr auf, begleitet ihn bei all seinem Tun. War die Missionsidee in der Gymnasialzeit noch als Schwärmerei zu bezeichnen, in der Studienzeit als exotische Möglichkeit, jetzt wurde sie geradezu zur Belastung. Sein Vorgesetzter, Kurat Trebo, nahm das nicht recht ernst. »Wenn du Missionar wirst, lasse ich mir beide Ohren abschneiden.« – Der Gute wusste nicht, was er da sagte. Er unterschätzte offensichtlich die Hartnäckigkeit seines Kooperators.

Der entdeckte im Jänner 1878 in der ersten Nummer des Brixner Kirchenblattes einen kurzen Bericht über ein neugegründetes Missionshaus, das ein gewisser Arnold Janssen drei Jahre zuvor in dem kleinen holländischen Flecken Steyl an der Maas, ganz nahe an der deutschen Grenze, eröffnet hatte. »Der Zweck dieser Stiftung«, so hieß es im Kirchenblatt, »ist die Förderung der katholischen Missionstätigkeit in jenen nichtkatholischen Ländern, in denen diese am lohnendsten erscheint ..., und zwar sind hierzu an erster Stelle die heidnischen Völker Hinterasiens ins Auge gefasst ... Priester werden angenommen.« Für den Kooperator von Sankt Martin waren die Würfel gefallen. Am 28. Februar setzte er seine Unterschrift unter einen Brief an Arnold Janssen, in dem er es »ehrfurchtsvollst wagt, um Aufnahme anzuklopfen«. Zwei Wochen später flatterte die Zusage Arnold Janssens ins Haus.

Die Köchin im Pfarrhaus von Sankt Martin betrachtete kopfschüttelnd die fremden Briefmarken auf dem Umschlag. »Der wird doch nicht ernst machen. Herr Kurat, ich glaube, Ihre Ohren sind futsch!« Vom Kooperator aber ergatterte sie sich ein Büschel Haare: »Damit wenigstens was von ihm übrigbleibt, wenn ihn die bösen Heiden erschlagen!« Sie rettete damit der Nachwelt die einzigen »echten« Reliquien, die von Freinademetz heute noch erhalten sind.

Für den Kooperator gab es jetzt kein Halten mehr. Selbst dem mächtigen Fürstbischof blieb nichts anderes als: »Ich werde halt auch ja sagen müssen!« In den Akten des fürstbischöflichen Ordinariats liest sich das so: »Erledigt 4. Juli 1878: in perpetuum dimissus« – »für immer entlassen.«

Vom Fürstbischof zum Schulmeister

Der 26-jährige Ladiner war nun frei für das große Abenteuer seines Lebens. Droben in Oies war man gar nicht begeistert: »So weit weg ... und wenn sie ihn umbringen, die Heiden?« Anna Maria hatte Angst um ihren Sohn. Giovanmatia hätte ihn auch lieber im sicheren Tirol gesehen, war doch Sankt Martin schon so weit weg ... »Ist halt doch ein Lump geworden, der Ujöp«, meinte der Weber grinsend und verbarg damit seine Trauer, den jugendlichen Freund verlieren zu müssen.

Einen ordentlichen Dämpfer erhielt der Missionsbegeisterte Mitte Juli. Im Kapuzinerkloster in Brixen traf er zum ersten Mal jenen Mann, dem er sein künftiges Schicksal anvertrauen wollte: Arnold Janssen machte auf dem Weg von Rom Station in der Bischofsstadt. Freinademetz war enttäuscht. Da stand ihm bei Gott keine Führerfigur gegenüber. Wenn er diesen trockenen Norddeutschen mit seinem wortgewaltigen Bischof verglich ...

Fürstbischof Gasser erklärte Janssen gegenüber ausdrücklich seine Bereitschaft, den jungen Kooperator von Sankt Martin freizugeben: »Der Bischof von Brixen sagt nein, aber der katholische Bischof sagt ja. Nehmen Sie meinen Sohn Freinademetz und machen Sie einen tüchtigen Missionar aus ihm.«

Am Sonntag, dem 18. August 1878, sitzt Giovanmatia mit den Seinen wieder in der ersten Bankreihe von Sankt Leonhard zu Abtei. Sein Sohn verabschiedet sich von seiner Heimatgemeinde. »Was soll ich anderes tun, als froh und voll Vertrauen auf Jesus, den guten Hirten, und auf Maria, den Stern des Meeres, den Pilgerstab nehmen und antworten: Siehe, ich komme«, so tönt es von der Kanzel. Als es dann ans Abschiednehmen geht, stehen dem jungen Priester genauso die Tränen in den Augen wie seinem Vater.

»Wen der Herrgott nicht ruft, der soll das schöne Abtei lieber nicht verlassen.« Die Freinademetzmutter hat das oft und oft gesagt. Jetzt, auf der großen Reise nach Steyl, da Stadt um Stadt am Zugfenster vorbeifliegt, kommt dem Ujöp dieser Satz immer wieder in den Sinn.

Fromm, wie er ist, betet er das Tedeum, als er das Missionshaus Sankt Michael an der Maas betritt. Die Verse hat er zum inneren Ausgleich nötig, denn hinter dem großartigen Namen »Missionshaus« verbirgt sich ein notdürftig eingerichtetes ehemaliges Wirtshaus, dem erst im Jahr zuvor ein Neubau zur Seite gestellt worden ist. »Wer das Wollen gab, wird auch das Vollbringen geben«, vertraut er seinem Tagebuch an.

Die anfängliche Beklemmnis weicht bald der Begeisterung über den Geist, der in diesem Haus herrscht. »Ein Haus Gottes«, schreibt Freinademetz nach Hause. »Ich habe niemals etwas Ähnliches gefunden, weder im Kassianeum noch im Priesterseminar. Das kommt wohl daher, dass alle Missionar werden wollen.« Nicht ganz fünfzig Schüler, sechs Theologiestudenten und mit Freinademetz neun Priester, von denen sich fünf dem Haus angeschlossen haben, bevölkern die »Missionsanstalt«. Der Neuankömmling muss anpacken, wo gerade Not am Mann ist: zeitweilig unterrichtet er Griechisch und Musik.

Als sich im Spätherbst entscheidet, dass das erste Missionsland der Steyler Gemeinschaft China sein wird, ist der Tiroler Feuer und Flamme. Vom Reich der Mitte hat er schon als kleiner Bub geträumt. Mit Feuereifer beginnt er Chinesisch zu lernen. Mit von der Partie ist der um ein Jahr ältere Johann Baptist Anzer, der noch als Theologiestudent in Steyl eingetreten und Arnold Janssen von Anfang an zur Seite gestanden ist.

1876 hatte Anzer als erster »Steyler« die Priesterweihe empfangen. Dem aus dem Bistum Regensburg stammenden jungen Priester sollte in späteren Jahren sein bayerisches

Temperament viel zu schaffen machen – sehr zum Leidwesen der Betroffenen. »Ich werde an ihm, glaube ich, für mein ganzes Leben einen prima Gefährten haben«, urteilt der Südtiroler über den bayerischen Mitbruder. Er behält leider nicht recht. Anzer hätte Freinademetz bei der Ankunft entgegenfahren sollen, verfehlte ihn aber, was fast als Omen zu deuten ist. Sie fanden einander in China zu oft nicht – was Freinademetz noch die härtesten Entscheidungen und Qualen abfordern sollte.

Als sich die Abreise aus Steyl immer wieder hinauszögerte, wurde der Tiroler ungeduldig. Da gefiel ihm gleich die ganze Umgebung nicht mehr, »wo man jeden Sandhügel schon Berg nennt, wo ein heiterer Tag wegen des ewigen Nebels zu den Seltenheiten gehört und die Leute an Neujahr und Dreikönig Mist fahren ...« So etwas war für die Leute in Oies unerhört, in Tirol waren die beiden Tage selbstverständlich gebotene Feiertage.

Inzwischen musste sich der reiselustige Missionar noch mit anderen Dingen herumschlagen. Über Beziehungen gelang es ihm, von seinen Verpflichtungen als Kaplan der Tiroler Landesschützen befreit zu werden. Eine Bitte hatte er noch an sein Heimatland: »Allerdurchlauchtigster, Allergroßmütigster Kaiser und Herr! Euer Apostolischen Majestät treu gehorsamster Untertan wagt es, Eurer allbekannten Großmut mit einer demütigen Bitte sich zu nahen. Es ist nun soweit, dass ich Ende Dezember in die chinesische Mission zunächst nach Hongkong abreisen soll ... und möchte an Euer k. k. apostolische Majestät die demütige Bitte richten, Allerhöchstdieselbe wolle für mich, den ersten österreichischen Missionär, den das für Österreich und Deutschland gegründete Haus entsendet, das Reisegeld zu entrichten die hohe Güte haben.« Der Bitte wurde zumindest teilweise entsprochen.

Ein Abschied für immer

Im März 1879 ist es soweit: Steyl verabschiedet seine ersten Missionare. »Zieht denn, Brüder, Gott geleite ...«, singen die Schüler und Priester des Hauses nach Mozarts Melodie »Brüder reicht die Hand zum Bunde«. Aus Den Haag kommt der Internuntius und überreicht Johann Baptist Anzer und Josef Freinademetz das Missionskreuz. Rektor Janssen begleitet die beiden zum Bahnhof. Für den Südtiroler ist es ein Abschied für immer. Die Monate in Steyl haben sein Verhältnis zu Janssen gewandelt. Janssen ist für ihn nicht mehr der spröde Norddeutsche. Später, in seinen Briefen aus China, nennt er ihn »Vater«.

Auf dem Weg nach Ancona, wo sie an Bord gehen sollen, verabschieden sich die beiden Missionare noch einmal von ihrer Heimat. Dem Südtiroler wird das Herz schwer. In Sankt Martin im Gadertal weinen ihm seine ehemaligen Schulkinder nach. Dem Kuraten bleibt nichts anderes übrig, als sich seine Ohren mit 70 Gulden freizukaufen: Dass sein Kooperator so einen Dickschädel habe und wirklich ausreisen werde ... wie man sich doch täuschen könne ...

Aus Abtei kommen Freinademetz Vater und Mutter entgegen. »Ich konnte an ihren Gesichtern ablesen, wie schwer es ihnen ums Herz war«, schreibt Ujöp in sein Tagebuch. »Die Abschiedsszenen im väterlichen Haus will ich nicht beschreiben. Genug, ich flehte um den väterlichen Segen, und fort war ich aus meinem geliebten Abtei, um es vielleicht nie wieder zu sehen.«

Nach einem kurzen Romaufenthalt, wo Papst Leo XIII. den beiden Steylern die Hände zum Segen auflegt, geht es in Ancona an Bord. Am Morgen des 15. März 1879 werden die Anker gelichtet. Freinademetz kommt ins Sinnieren: »Wir stehen nicht mehr auf europäischem Boden. Sonderbare Gedanken: Heimat,

Freunde, Eltern verlassen! Hatte ich doch in der Heimat mein Glück schon aufgebaut. Bisher war mein Weg nur von Rosen begleitet. Freunde haben mich umgeben. Und Jetzt? Ich muss in einer anderen, neuen Welt von vorn anfangen, neue Freunde werben, neue Sprachen lernen, überall von vorn beginnen. Auf was habe ich mich da eingelassen?« Die 36-tägige Seereise nach Hongkong ist kein Honiglecken für ihn: »Noch keine Stunde waren wir gefahren, und ich musste bereits dem Meer meinen Tribut zahlen!« – Die Seekrankheit setzt dem Tiroler Naturburschen schwer zu.

Steyler in China

Am 20. April 1879 betreten die beiden ersten Steyler Missionare chinesischen Boden: die englische Kronkolonie Hongkong. Freinademetz versucht, mit einem altbewährten Rezept seiner Erregung Herr zu werden: »Das Tedeum habe ich im Stillen gebetet, wie damals in Steyl. Endlich in China: Nun habe ich das neue Land gefunden, meine neue Heimat. Seit vielen Jahren war es mein Gebet, dass Gott mir dieses Land zeige, nun bin ich da. Ich bin in China!« Wenn auch diese Worte recht begeistert klingen, er kam sich vor wie damals der kleine Ujöp, als er am Rockzipfel des Webers durch die engen Gassen von Brixen zog und Angst hatte vor den vielen Leuten, deren Sprache er kaum verstand. Das in Holland erlernte Chinesisch erwies sich in Hongkong als fast unbrauchbar, die neue Umgebung als erschreckend fremd und unnahbar. »Wir sind unerfahren und ohnmächtig«, schreibt er kleinlaut nach Steyl und bittet inständig um das Memento der Gemeinschaft an der Maas.

Zu viele Dinge sind noch unklar. Anzer und Freinademetz wissen nicht, wie lange sie in der Kronkolonie bleiben sollen.

Noch ist nicht sicher, welches Gebiet des riesigen Reiches der Mitte den Steylern übertragen werden soll. Bischof Raimondi, dem sie hier unterstehen, schickt Anzer als Lehrer ins Priesterseminar, Freinademetz soll die praktische Missionsarbeit kennen lernen.

Das Missionssegelboot Stella Maris bringt ihn nach fünfstündiger Fahrt nach Saikung, einer kleinen Missionsstation auf der Halbinsel Kowloon. Unter den Fittichen des aus dem norditalienischen Bergamo stammenden Pater Luigi Piazolli wagt der Ladiner seine ersten Schritte in sein neues Leben. Auf jeden Fall brauchte er einen neuen Namen. – Blieb für Papst Paul VI. bei der Seligsprechung 1975 »Freinademetz« schon genauso unaussprechlich wie für seinen Nachfolger Johannes Paul II. bei der Heiligsprechung 2003, so war das für eine chinesische Zunge ein völlig unmöglicher Name. »Also einen neuen Namen, aber welchen?« Entsprechend dem Anfangsbuchstaben F in Freinademetz entschieden sie sich aus den hundert alten chinesischen Namen für Fu, das heißt Glück. Zusammen mit dem Titel Shenfu (Priester) hieß er von nun an Fu Shenfu, Priester des Glücks.

Saikung war damals ein kleines, schmutziges Fischerdorf mit knapp 200 Einwohnern, mit Wegen und Steigen, »die schlechter sind als in Tirol«. Der Ort wird von einer Tempelpagode beherrscht, neben der sich das Missionskirchlein nicht behaupten kann. Es ist »armselig, verglichen mit der bescheidensten Dorfkirche in Tirol.« – Die Leute zu Hause sollen sich ein Bild machen können, wie es hier aussieht. »Gerade vor ein paar Stunden hat sich direkt vor unserem Haus eine unendlich traurige Szene abgespielt. Ein armes Mädchen, ich schätze es auf achtzehn Jahre, von weiß Gott woher, wurde zum Kauf angeboten. Die Reichen des Dorfes begafften das arme Ding von allen Seiten, ob's etwa für den heiratslustigen Sohn passen würde. Ich habe was von fünf Talern als Kaufpreis reden hören. Einer machte gar den Vorschlag, das unglückselige Geschöpf zu versteigern und dem Meistbietenden zu überlassen.« – In Oies schüttelt man entsetzt die Köpfe.

Das halbe Jahr, das Freinademetz auf der Hauptstation bleibt, büffelt er vornehmlich Chinesisch. Ein alter Chinese ist sein Lehrer. »Die Sprache hat wahrlich schwer zu verdauende Brocken. Bis ich das kann, wird noch viel Wasser ins Meer fließen.«

Nicht viel zu verdauen gibt es in Saikung an körperlicher Nahrung: »Am Morgen schwarzen Kaffee, gegen halb zehn Reis mit Fisch und um halb fünf Fisch mit Reis – und dann gibt's nichts mehr!« Nach ein paar Monaten schmeckt ihm der Reis mit Fisch schon »so gut wie Euch Eure Nudeln mit Schmalz«. – Das kaufen ihm seine Leute zu Hause freilich nicht ab.

Nach der »geschmacklichen« Anpassung folgen die nächsten »Erfolgsmeldungen«: Am 5. Jänner 1880 hört Fu Shenfu die erste chinesische Beichte. Kurz darauf gelingt es ihm, bei einem feierlichen Leichenschmaus mit Ess-Stäbchen fertig und satt zu werden!

Der Sohn der Ladiner Berge ist auf dem besten Weg, ein Chinese zu werden. Er hat freilich noch einen langen und harten Weg vor sich. Ein Etappenziel meldet er am 2. Juni 1880: »Von mir selber weiß ich nichts Besonderes zu berichten, außer, dass ich seit ungefähr drei Wochen chinesisch gekleidet herumlaufe, das heißt, ich trage weiße Strümpfe, kurze weiße Beinkleider, Leinwandschuhe mit Filzsohlen und eine bis an die Füße reichende blaue Toga. Außerdem wurde mein edles Haupt jeglicher Haareszierde beraubt. Lediglich ein paar Schüppel sind übrig geblieben, an denen jetzt ein langer, falscher, schwarzer Zopf baumelt.« – Wie man in Oies auf solche Beschreibungen reagiert, kann man sich vorstellen: »Mein Gott, der wird sauber ausschauen ...«

Ein halbes Jahr lernt und arbeitet Freinademetz in Saikung. Dann meint Bischof Raimondi, es sei an der Zeit, dass er auch etwas anderes kennen lerne. Fu Shenfu soll sein Ränzlein schnüren, von Station zu Station wandern, die Christen besuchen und auch in Dörfer gehen, wo es noch keine Christen gibt.

Das Jahr, das Freinademetz noch in der Diözese arbeitet, verbringt er so zum großen Teil auf Schusters Rappen. Zu seinen Reiseutensilien gehören neben dem Messkoffer eine Matte, ein Leintuch und ein Kopfkissen; das chinesische Kopfkissen – nichts als ein Stein, wie die Natur ihn geschaffen hat, ist selbst ihm zu hart.

Was er in diesem ersten Wanderjahr kennen und ertragen lernt, ist die Einsamkeit des Glaubensboten in einer fremden, ablehnend gesinnten Umwelt. Er wird zwar auf Schritt und Tritt begafft und bestaunt, hat aber keinen Menschen, bei dem er sich aussprechen könnte. Verständlich, dass er sich über jede Zeile freut, die ihm irgend jemand zukommen lässt. »Es ist mir unmöglich zu beschreiben, welche Erleichterung mir Dein Brief gebracht hat. Er war ein Balsam meinem Herzen, da ich schon eine geraume Zeit ganz allein gewesen war, weshalb mein ohnehin karger Vorrat an geistiger Nahrung immer mehr zusammenschrumpfte«, so schreibt er dankbar Johannes Janssen, dem Bruder des Steyler Gründers, und fügt stolz eine Erfolgsmeldung hinzu: »Ich teile Euch mit, dass ich am 25. Juli meine erste chinesische Predigt gehalten habe! Und stellt Euch vor, die Chinesen behaupten, sie hätten mich sogar verstanden. Von Bischof Raimondi erzählt man, nach seiner ersten chinesischen Predigt seien die Leute zu ihm gekommen und hätten gefragt, ob er etwa Portugiesisch geredet habe ...«

Der fremde Teufel

Je besser er die Sprache beherrscht, umso mehr wagt er sich auch in abgelegene Gebiete, in Dörfer, die kaum ein Weißer je zuvor betreten hat. Natürliche Hindernisse wie Bäche und Flüsse vermögen seinen Eifer nicht zu bremsen: »Da muss man halt Schuhe und Strümpfe ausziehen, die Kleider hoch, und durch geht's! Nur gut, dass sich unsereiner vor den Chinesen nicht zu genieren braucht. Die Kinder laufen hierzulande in der heißen Jahreszeit sowieso herum, wie der Herrgott sie geschaffen hat, und die Erwachsenen haben auch nicht gerade viel an.«

Er ist nicht überall willkommen. Vielerorts schreien ihm die Kinder – und nicht nur die Kinder – etwas nach, was ihm sehr weh tut. »Fremder Teufel!« oder »Fremder Teufelspriester!« klingt es immer wieder in seinen Ohren. Das schmerzt ihn mehr als die Steine, die ihm einmal um die Ohren fliegen. »Fremder Teufel!« – Zu Hause in Tirol hat man ihn mit »Gelobt sei Jesus Christus« gegrüßt, die Kinder haben ihm die Hand geküsst. Persönliches Ansehen, gesicherte Lebensumstände, Eltern und Geschwister, die heimatlichen Berge, alles hat er hinter sich gelassen, und diejenigen, um derentwillen er das alles aufgegeben hat, die schreien ihm »Fremder Teufel« nach. Die körperlichen Strapazen, das stete Herumwandern, die kärgliche Nahrung erträgt er ohne viel Aufhebens. Das Leben zu Füßen des Kreuzkofels war auch hart gewesen: »Du in Abtei, ich hier in China. Der Herrgott waltet in Abtei und hier in China«, schreibt er dem Weber von Sottrù.

Freinademetz ist enttäuscht. Er ist offensichtlich mit Illusionen herübergekommen, hat geglaubt, die »armen Heiden« würden nach jedem Wort von der christlichen Botschaft begierig sein. Statt dessen muss er mit eisiger Ablehnung und Misserfolgen fertig werden. »Das ist es ja eben, was ich am bittersten fühle. Wir sind mit einem Feuereifer aus Europa herüber gekommen; wir haben davon geträumt, dass uns vor lauter Taufen die Arme ermüden, dass jedes Jahr etliche Pagoden vor unseren Augen in Trümmer gehen und an ihrer Stelle christliche Gotteshäuser aus dem Boden wachsen. Statt dessen lachen uns Erwachsene auf offener Straße aus, schreien uns Kinder ›Fremder Teufel‹ nach. Selbst die Hunde scheinen eine Freude daran zu haben, uns nachzulaufen und anzubellen. Es stimmt, was ein älterer Missionar gesagt hat: Der Missionar ist von vielen gehasst, von wenigen geduldet, von keinem geliebt!«

Diese bitteren Enttäuschungen und Misserfolge zu verdauen braucht seine Zeit. In den Briefen, die er jetzt schreibt, gibt er seinen Gefühlen freien Lauf. Er lässt an den Chinesen nicht viel Gutes: »Der chinesische Charakter hat für uns Europäer wenig Anziehendes ... Wenn uns Missionare bloß menschliche Rücksichten bewegten, wir würden samt und sonders mit dem nächstbesten Dampfer nach Europa zurückfahren ... Der Chinese ist vom Schöpfer nicht mit den gleichen Anlagen ausgestattet worden wie der Europäer ... Es kostet uns nicht wenig, über die Verstellungssucht, Herzlosigkeit und Gleichgültigkeit der Menschen hier wegzukommen ... Die Gefühllosigkeit des Sohnes des himmlischen Reiches wird allein schon in der landesüblichen Sitte deutlich, das eigene Kind auszusetzen oder ganz einfach auszutauschen oder gar zu verkaufen ... Unser bester Christ hier hat vor seiner Bekehrung sein eigenes Töchterchen an einem Stein zerschmettert, bloß weil es ihm zu viel geschrien hat ... Der Chinese vermag sich einfach nicht zu einem höheren Gedanken aufzuschwingen ... Nach außen hin ist sein Benehmen ungemein fein. Selbst dem lumpigsten Bettler gegenüber verkehrt man mit Zeremonien, die nicht einmal für einen Fürsten zu gering wären, aber nach innen? Wohl eine unglückliche Nation, die Kinder des ›himmlischen Reiches‹!«

Immer wieder klingt ihm der »Fremde Teufel« in den Ohren. Er reagiert entsprechend: »China ist recht eigentlich das Reich des Teufels. Man kann kaum zehn Schritte tun, ohne nicht auf allerhand höllische Fratzen und verschiedene Teufeleien zu stoßen. Die Luft, die man hier einatmet, ist durch und durch heidnisch.«

Josef Freinademetz ist ein Kind seiner Zeit. Er kommt aus einem Land, in dem der Bischof ein Fürst und der Einfluss der Kirche in allen Bereichen ungebrochen stark ist. Es gibt kein Dorf in Tirol, in dem nicht der Kirchturm alles überragen würde. Hier in China ist die Kirche keine gesellschaftliche Größe, sie ist eine verschwindende Minderheit ohne jeden Einfluss. Für andere religiöse Überzeugungen und heidnische Bräuche findet der europäische Missionar kein Wort der Anerkennung und Achtung. Die Tempel sind für ihn Häuser des Teufels, religiöse Feiern Feste des Teufels. Die religiösen Opfer der Chinesen werden in seinen Augen dem Teufel dargebracht, ihm gelten Feuerwerk und Böller. Der Teufel ist es, den die Chinesen als Gott verehren, ihn lieben sie mehr als Gott. »Die Aufgabe des Missionars kann nur sein, Krieg gegen den Teufel zu führen, die Seelen dem Teufel zu entreißen, die Bilder des Teufels zu vernichten und seine Tempel zu zerstören ...«

Sicher entsprechen diese Ansichten nicht nur seiner persönlichen Überzeugung, sondern sind ein Spiegel seiner Zeit. Er hat vieles bedenkenlos nachgesagt, was er von anderen gehört oder gelesen hat. Fünf Jahre später ist er soweit, dass er wütend wird, wagt es ein Missionar in seiner Umgebung, abschätzig über einen Chinesen zu reden. Jetzt, am Ende seines »Missionsnoviziats«, wie er die Zeit in der Diözese Hongkong selbst nennt, ist er zwar äußerlich ein Chinese geworden, aber mit dem neuen Kleid ist noch nicht der neue Mensch angezogen. »Die Hauptsache ist noch zu tun«, gesteht er. »Die Umwandlung

TSINANFU
KAISER KANAL
HWANGHO
GELBER FLUSS
VIKARIAT
NORD-SHANTUNG
1545
PUOLI
YANGKU
CHAOCHENG
Showchang
FANHSIEN
HWANGHO
WENHO
Liangshan
WENSHANG
NINGYANG
SZEHO
SZESHUI
1150
KÜFOW
YÜNCHENG
YENCHOWFU
Taikia
Changchiachuang
KÜYEH
KIASIANG
TSINING
810
TSOWHSIEN
SZEHO
TSAOCHOWFU
TSAOCHOWFU
YENCHOWFU
KINSIANG
Puoliang
TENGHSIEN
Chungmeitsi
YÜTAI
TINGTAO
CHENGWU
KAISER KANAL
TSAOHSIEN
SHANHSIEN
YIHSIEN
VIKARIAT
KIANGNAN
SÜCHOWFU

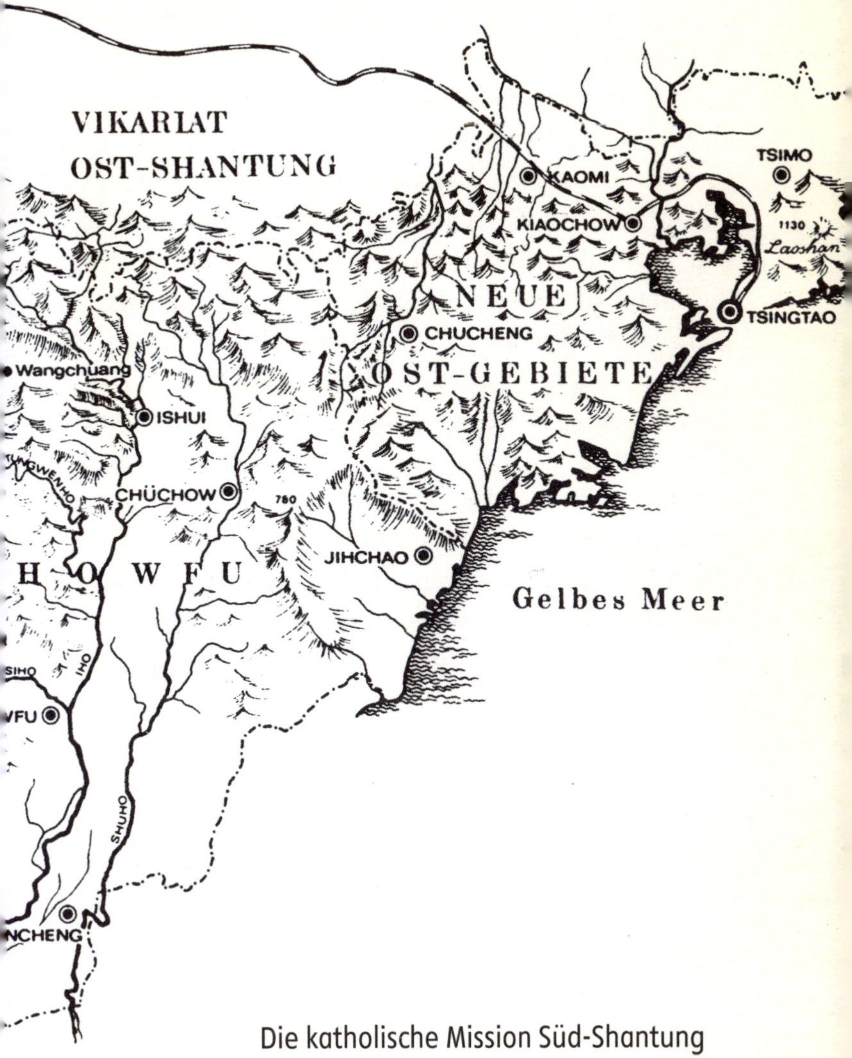

Die katholische Mission Süd-Shantung
zur Zeit von Pater Josef Freinademetz

0 10 20 30 km

des inneren Menschen: chinesische Anschauungsweise, chinesische Sitten und Gebräuche, chinesischen Charakter und Anlagen studieren, das geht nicht an einem Tag, auch nicht in einem Jahr und auch nicht ohne manche schmerzliche Operation!« Der Missionar aus dem Gadertal fühlt mehr, als er es ausdrücken kann, dass sein Urteil über die Chinesen nicht gerecht ist, dass sich nicht nur der chinesische Heide, sondern auch der europäische Missionar bekehren muss. Dieses Eingeständnis, sich selbst ebenfalls ändern zu müssen, selbst noch lernen zu müssen, bringt ihn innerlich ein Stück weiter auf seinem Weg. Er wird einmal sagen können: »Ich möchte auch im Himmel nichts anderes sein als ein Chinese!« Das wird derselbe Josef Freinademetz sein, der in Hongkong noch seinen Illusionen nachtrauert. Es ist eine heilsame Kur, die er mit all seinen Zweifeln und Enttäuschungen durchmachen muss.

Freinademetz stellt sich die Existenzfrage: »Was hält mich hier in China fest? Warum und wozu bin ich da?« Ehrlich und gerade, wie er ist, weicht er dieser grundlegenden Frage nicht aus. »Der Glaube hält uns, der Glaube auch an die eigene Sendung. Fast jeder Missionar in China betet, dass Gott ihn in China leben und sterben lasse. Wie großartig ist doch die Religion des Gekreuzigten! Wir müssen Christus Zeugnis geben unter den Völkern, den Samen ausstreuen. Das Übrige aber ganz Gott überlassen. Wehe dem Missionar, der sich nicht einzig und allein auf den Grund seines Berufes, auf das Bewusstsein stützt, dass er lediglich den Willen Gottes zu erfüllen hat.« Voller Überzeugung schreibt er an seine Eltern: »Ich werde auf die Würde des Missionarsberufes nicht verzichten, auch nicht für die Kaiserkrone!«

Der jetzt 29-Jährige ist sich bewusst, worauf er sich eingelassen hat, er weiß, was er will – und ist sich im Klaren, dass er im Dienst eines Höheren steht. »Jetzt erst recht«, sagt er sich und fühlt sich gleichzeitig eingebunden in den Willen dessen, den er hinter und über sich weiß.

Hier bin ich und hier bleibe ich

Im Mai 1881 heißt es wieder Abschied nehmen. Abschied von Saikung und Hongkong. Der Steyler Gemeinschaft ist ein eigenes Missionsgebiet übertragen worden: der Süden der nordchinesischen Provinz Shantung, südlich des Hoangho. Insgesamt neun Millionen Einwohner zählen die politischen Präfekturen Yenchowfu, Tsaochowfu, Ichowfu und die autonome Unterpräfektur Tsining. In dem ganzen riesigen Gebiet gibt es eine einzige kleine Christengemeinde in Puoli-Yangku, mit nicht einmal 200 Getauften.

Freinademetz freut sich. Hongkong war nur ein Vorgeplänkel. Jetzt endlich kommt das, was er sich vorgestellt hat. Sein Mitbruder Johann Baptist Anzer ist bereits in Shantung. Josef Freinademetz kann es kaum erwarten, ihm zu folgen. Den entsprechenden Brief von Rektor Janssen hat er gerade einen Tag in Händen, da verabschiedet er sich auch schon von Saikung und »all den lieben kleinen Christengemeinden wohl auf Nimmerwiedersehen«.

»Ich packe meine Siebensachen und fahre zu meinem Mitbruder«, schreibt er an seine Eltern. »Anzer ist jetzt mein Oberer. Ich habe ihn gern; er ist Feuer und Flamme für die Mission.«

In Hongkong erledigt er die nötigen Einkäufe und löst eine Fahrkarte nach Shanghai für den Ningpo, »einen deutschen Dampfer, auf dem keine Seele deutsch spricht«. Eine Fahrkarte hat er, nur ist auf dem Dampfer kein Platz mehr frei. Er soll auf die nächste Gelegenheit warten, wird ihm bedeutet. Der Kapitän weiß offensichtlich nicht, mit was für einem Menschen er es zu tun hat. Der Tiroler ist nicht mehr vom Schiff zu bringen: »Hier bin ich und hier bleibe ich«, sagt er, setzt sich in einen Winkel des Verdecks, genießt die herrliche Aussicht und schläft schließlich den Schlaf des Gerechten – bis ihn ein kräftiger Regenguss aus allen Träumen reißt. Den Rest der Nacht verbringt er auf einer Bank im Schiffssalon. Die restlichen drei Tage der 1500 Kilometer langen Strecke vermag er im Bett des Schiffsstewards nur noch zu staunen, wie viel sein Magen von sich geben kann, ohne etwas zu sich zu nehmen – die Seekrankheit hat ihn wieder.

Von Shanghai aus geht die Reise auf einem anderen »ungemein komfortablen« Schiff quer durch das Gelbe Meer nach Chefoo. »Zu Mantua in Banden Andreas Hofer stand.« Der Sohn der Tiroler Berge staunt nicht schlecht, als er hier mitten auf dem Gelben Meer dieses Lied hört. Zwei dänische Passagiere haben seine Herkunft erfahren und bringen ihm ein Ständchen dar.

In Chefoo hört für ihn der Komfort europäischen Zuschnitts auf. »Eine chinesische Dschunke erbot sich, mich um 60.000 Sapeken nach Tsinanfu bringen zu wollen … Als ich an Deck nach einem Abort fragte, zeigte mir ein Chinese breit grinsend das ganze grüne, weite Meer. Aber dafür hatten wir zwei kleine Kanönchen an Bord, für den Fall, ein paar Seeräuber wünschten Pulver zu riechen.«

Nach elf Tagen war die Mündung des Hoangho erreicht. Von da an ging es mühselig weiter: »Kaum waren wir in den Fluss eingebogen, als sich plötzlich sechs Chinesen, zum Teil im Adamskostüm, ins Wasser stürzten und an einem langen Seil in gemessenem Militärschritt langsam vorwärtsschreitend die Dschunke weiterzuziehen begannen.« Die Dschunke wurde auf diese Weise 350 Kilometer bis nach Tsinanfu stromaufwärts befördert. Die Fahrt dauerte drei Wochen. Drei Wochen, in denen

Fu Shenfu allerlei erlebte: »Ich war neugierig, nach welchem Kochbuch man hier vorgehe, als sich alle Matrosen im Kreise hockend anschickten, ganze Fuder Knoblauch, Zwiebeln und Ähnliches in den Mund zu stopfen. Ich selber aß natürlich auch, was mir vorgesetzt wurde. Es schmeckte nicht schlecht, nur musste ich des Öfteren die Augen zumachen, denn mit der Reinlichkeit standen die Herren Matrosen offensichtlich auf Kriegsfuß.« Dass dem so war, dafür hatte er einen »durchschlagenden« Beweis: »Eineinhalb Monate hab' ich gebraucht, bis ich sämtliches Ungeziefer endgültig loswerden konnte.« Freinademetz hatte unfreiwillig Gastgeber gespielt für Wanzen, Flöhe, Läuse und Ruhrbazillen.

Am 15. Juli kamen sie in Tsinanfu an, der Hauptstadt der Provinz Shantung. Freinademetz betrat damit alten Missionsboden. Schon 1636 hatte der Jesuitenpater Longobardi in dieser Stadt eine Christengemeinde gegründet. Seit ein paar Jahrzehnten missionierten italienische Franziskaner die Provinz. Der apostolische Vikar Monsignore Eligius Cosi residierte in der Stadt. Hier wohnte Freinademetz zusammen mit Anzer in den nächsten acht Monaten. Er musste erneut Chinesisch lernen. Der Shantung-Dialekt war verglichen mit dem Hakka-Chinesisch von Hongkong eine völlig neue Sprache. Daneben studierte Freinademetz theologische Werke, soweit sie in Tsinanfu erreichbar waren. Er war sich bewusst, dass das schönste Chinesisch keine theologische Sachkenntnis ersetzen konnte.

Um sein Chinesisch in der Praxis auszuüben, ging er häufig auf die Straße und redete die Leute an. Bedauerte ein Chinese, ihn nicht verstehen zu können, ging ihm das »durch Mark und Bein«, wie er seinen Ärger vornehm umschreibt.

Das Sprachstudium ging leidlich voran. Schwierigkeiten gab es auf einem anderen Gebiet: Die Franziskaner traten den Steylern ein riesiges Gebiet ab, das einen schwer wiegenden

Schönheitsfehler hatte: Es gab nur eine einzige Christengemeinde mit nicht ganz 200 Christen in Süd-Shantung, die Gemeinde, Puoli, lag außerdem noch am Rand des Gebietes. Grundpfeiler jeglicher Missionsarbeit, das hatten Anzer und Freinademetz in Hongkong gelernt, war aber eine nötige Anzahl von einheimischen Katechisten und Katechistinnen sowie chinesischen Priestern. Die gab es damals schon überall, nur eben nicht in dem den Steylern abgetretenen südlichen Teil von Shantung.

Dem Temperament des Bayern Johann Baptist Anzer entsprach nicht gerade die sanfte Tour. Er verlangte mit mehr oder weniger Nachdruck von Monsignore Cosi, dem Gebiet der Steyler eine Reihe gefestigter christlicher Gemeinden einzuverleiben. Bischof Cosi bat daraufhin seinen Generalminister in Rom, Rektor Janssen in Steyl nahe zu legen, doch zwei bis drei ältere und vor allem ruhigere Priester zu schicken ...

Janssen riet Anzer, Freinademetz als Vermittler einzuschalten »wegen seines milden Charakters und seiner Kenntnisse des Italienischen«.

Monsignore Cosi war unter diesen Umständen nicht bereit, Johann Baptist Anzer zum Provikar von Süd-Shantung zu ernennen, für das er, Cosi, nach wie vor zuständig blieb. Ein Provikar ist der Stellvertreter des Bischofs, hat die selben Rechte, nur nicht die Weihegewalt. Cosi entschied, Josef Freinademetz solle Provikar von Süd-Shantung werden. Es war klar, dass der Provikar in absehbarer Zeit Bischof werden würde.

Dem Fu Shenfu fuhr der Schreck in die Glieder. »Um Gottes willen, nur das nicht.« Vor dem Bischof ging er buchstäblich in die Knie: »Das kann ich nicht. Das darf ich nicht.« Ihm fiel eine ganze Reihe von Argumenten ein: Anzer ist der Ältere. – Anzer ist länger bei der Steyler Gemeinschaft. – Anzer ist ein glänzender Organisator. – Anzer ist die geborene Führernatur.

Den offensichtlichen Ehrgeiz des Bayern verschwieg er bei dieser Gelegenheit lieber.

War es Demut, dass Freinademetz ablehnte? Der Südtiroler besaß ein sehr realistisches Einschätzungsvermögen. Er wusste, was er sich zutrauen konnte und was nicht. Organisieren, mit entsprechender Härte auftreten, das waren nicht seine Stärken. Er war überzeugt, Anzer sei der Bessere. Monsignore Cosi blieb am Ende nichts anderes übrig, als Johann Baptist Anzer zum Provikar von Süd-Shantung zu ernennen. Anzer sollte von nun an fast zwei Jahrzehnte lang der Obere des Pater Josef Freinademetz sein, zuerst als Provikar, dann als apostolischer Vikar und schließlich als Bischof. Freinademetz hat auf dieses Amt verzichtet. Er wird in den nächsten zwei Jahrzehnten unter seinem Oberen viel zu leiden haben.

Denkbar primitiv

Provikar Anzer fuhr am 10. Jänner 1882 nach Puoli und übernahm die Mission der drei politischen Präfekturen Yenchowfu, Ichowfu und Tsaochowfu. Die kleine Christengemeinde von Puoli bot zu seinem Empfang alles Erdenkliche auf. Als Freinademetz in den letzten Märztagen seinem Oberen folgte, wurde nicht viel Aufhebens gemacht. Dem Ladiner war das nur recht.

Die beiden Missionare lebten denkbar primitiv. »Unsere Residenz ist großartig: Ein ausgedienter Schuppen, aus guter brauner Erde gebaut und mit Stroh gedeckt. Damit jeder von uns beiden über einen eigenen Salon verfügen kann, haben wir das ganze Bauwerk mit einer Strohwand abgeteilt.« Die Kapelle – die einzige in der riesigen Mission – war nicht weniger großartig, »halt auch eine baufällige Hütte, die schon einmal bessere Zeiten gesehen hat.« Ein bisschen wehmütig wurde den beiden jungen Männern ums Herz, als sie in dieser gottverlassenen Gegend unter so armseligen Umständen zu Ostern das Exsultet anstimmten. Bald darauf, im Mai 1882, traf der erste Nachschub aus der Heimat ein, zwei junge Missionare aus Steyl. Das gab Auftrieb. Anzer übernahm die Einführung der beiden. Fu Shenfu schnürte sein Bündel und machte sich auf den Weg. Fast zwei Jahre lang führte er nun wieder ein unstetes Wanderleben, zunächst noch in der Umgebung von Puoli, dann in der weiter entfernten Präfektur Ichowfu im Osten der Mission.

Auf Schusters Rappen und hoch zu Ross

Begleitet von einem halb erblindeten, ihm treu ergebenen Chinesen zog Josef Freinademetz unermüdlich von Dorf zu Dorf. Er ließ sich begaffen und bestaunen, auslachen und verspotten und versuchte immer wieder, etwas von einem lieben Gott und von einem Leben nach dem Tod zu erzählen. Hatte er einmal Zuhörer gefunden, beorderte er seinen alten Chinesen an die Front. Der sollte in flüssiger Sprache verdeutlichen, was der »Fremde Teufel« – sie schrien es ihm auch hier nach – mühselig zusammengestottert hatte. Über Zulauf konnte er sich nicht beklagen, »aber die kommen alle bloß, um das Unikum von einem Europäer einmal aus der Nähe begutachten zu können. Fast noch staunenswerter als meine Wenigkeit finden sie meine Uhr, mein Tischzeug, meine Bücher und meinen Bleistift, der – o Wunder – ohne einzutauchen ganz von selber schreibt.«

Nach dem Motto des Völkerapostels Paulus »den Griechen ein Grieche« suchte Fu Shenfu in diesen Monaten den Chinesen ein Chinese zu werden. Von der Kleidung bis zum Essen passte er sich den Ärmsten der Armen an. »Unwahrscheinlich, wie viel dieser hagere und asketische Mann an Arbeiten, Strapazen und

Mühseligkeiten bei ganz geringer Nahrung und sehr wenig Schlaf aushalten konnte«, schrieb sein erster Biograph. Rastlos durchwanderte Freinademetz immer wieder das ihm anvertraute Gebiet. Und nicht vergebens. Überall meldeten sich Interessenten, bildeten sich kleine Gruppen von Katechumenen (Taufschüler). Am Ende dieser ersten Wanderperiode konnte er auf eine stolze Zahl von etwa 1000 Katechumenen verweisen.

Mit dem Taufen war er vorsichtig. Mit Ausnahme von Kindern und alten Menschen in Todesgefahr spendete er nicht einem einzigen Erwachsenen in den vierzehn Monaten in der Präfektur Ichowfu die Taufe. Er wollte sicher sein, dass der christliche Glaube nicht um eines Vorteils willen angenommen wurde. Bei diesem Grundsatz blieb er zeitlebens: Eineinhalb bis zwei Jahre Katechumenat, erst dann die Taufe. Das wurde Tradition in Süd-Shantung.

Seine Arbeit war ohne Katechisten undenkbar. Auch das blieb Methode in der Steyler Mission: kleine Katechumenen-Gruppen wurden von einheimischen Katechisten betreut; sie mussten freilich anfangs noch aus anderen Gegenden »importiert« werden.

Seine liebe Not hatte Fu Shenfu mit den chinesischen Behörden. Immer wieder war es nötig, bei den Ortsmandarinen vorstellig zu werden. Von ihrem Wohlwollen hing sehr viel ab. Dabei unterliefen dem fremden Teufel schwer wiegende Fehler. Bei dem Versuch, seinen vorwiegend aus der ärmsten Schicht stammenden Katechumenen in allem alles zu werden, behielt er anfangs auch dann seine ärmliche Kleidung an, wenn er einem Mandarin die Aufwartung machte. Das war ein arger Verstoß gegen die Etikette. In China wurde zu damaligen Zeiten sehr viel Wert auf das Protokoll gelegt. Von der Visitenkarte bis zur Kleidung musste alles dem strengen Zeremoniell entsprechen. Wer dagegen verstieß, hatte die Folgen zu tragen. Fu

Shenfu wurde einmal von einem wütenden Mandarin hinausgeschmissen, weil er nicht standesgemäß gekleidet war: »In meiner gewöhnlichen Werktagskleidung, ohne Kopfbedeckung und mit gewöhnlichen Schuhen, auf einem schlottrigen Maulesel – den ich von einem Chinesen ausgeliehen hatte – oder einem mageren Pferd reitend ... Ich sei schlechter ausstaffiert als ein gewöhnlicher Bader, meinten die Mandarinatsleute. Vom chinesischen Li Mao (Zeremoniell) verstand ich noch zu wenig.«

Anzer hingegen trug von Anfang an bei offiziellen Anlässen ohne Hemmungen Mandarinskleidung, wozu er als Missionar berechtigt war.

In den vierzehn Monaten im bergigen Osten Süd-Shantungs erlebte Freinademetz Erfolg und Misserfolg. Es gelang ihm, Vertrauen zu wecken und überall kleine christliche Zellen zu gründen. Andererseits wurde er belogen und betrogen, seine Gutmütigkeit bis zum Letzten ausgenützt. Bei solchen Gelegenheiten griff er gleich wieder zu alten Schablonen und Vorurteilen: »Die raffinierteste Verschlagenheit, die ist wohl das, was dem Missionar zu schaffen macht. ... Was haben mich die Chinesen schon drangekriegt! Überall Lüge, Unaufrichtigkeit, Betrug, Verstellung, Verdrehung, dass man nicht weiß, wem man noch glauben kann.«

Er ertrug es, wie er die körperlichen Strapazen ertrug. Am härtesten war auch hier die Erbarmungslosigkeit des Alleinseins – trotz der vielen Leute, die stets um ihn waren. Weitab von jedem Mitbruder konnte er in dieser Zeit des Wanderns kaum für sich allein sein. Auf Schritt und Tritt wurde er von Neugierigen verfolgt. Auch in den armseligen Hütten seiner Katechumenen, in denen er abstieg, blieb ihm weder Tag noch Nacht ein Winkel, wohin er sich hätte zurückziehen können. Er sehnte sich nach einer ruhigen Stunde, nach einem stillen Platz, wo er hätte beten und lesen können. Begeistert nahm er daher die Einladungen Anzers an, für ein paar Tage nach Puoli zu kommen, auszuspannen und sich auszusprechen. Die Strapazen des langen Weges nahm er dafür gern in Kauf. So plumpste er einmal auf dem Weg nach Puoli samt seinem vollbepackten Pferd in ein »dreimanntiefes Wasserloch«. Sein Katechist konnte von herbeigelaufenen Dorfbewohnern gerade noch vor dem Ertrinken gerettet werden. Fu Shenfu selbst hielt sich, mit allen vieren strampelnd, mühsam über Wasser. Seine größte Sorge: »Mitten in der Grube hatte ich noch mein Brevier in der Hand. Ich musste es schweren Herzens fahren lassen. Als ich dann aus dem Loch herausgezogen war, tat mir nichts leid, als mein Brevier. Im Wasser danach zu suchen, war von vornherein zwecklos.« Sein ganzes Gepäck lag im Dreck, er selbst wäre beinahe ertrunken – und seine einzige Sorge galt dem Brevier. – Ist hier die Quelle zu suchen, weshalb er all die Strapazen so geduldig ertragen konnte? Jedenfalls war seine Freude vollkommen, als er die nassen Fetzen auszog und in einem Ärmel das Brevier wiederfand. – »Doch gut, dass die chinesischen Kleider so weite Ärmel haben.«

Auf dem Rückweg in seine Mission erging es ihm nicht besser: »Am Gelben Fluss geriet ich mit meinem Pferd in einen Sumpf und blieb sieben bis acht Stunden darin stecken, ohne irgendwie herauszukönnen. Mein Gaul war so tief eingesunken, dass ich ihm den Kopf stützen musste, damit er nicht erstickte. Nur das Maul reichte noch aus dem Schlamm heraus.« Die Chinesen vom nächsten Dorf halfen erst, als er ihnen eine entsprechende Summe versprach. Das erbitterte ihn so sehr, dass er schnell wieder verallgemeinerte: »Geld und Ehre, Ehre und Geld, die zwei Götzen, denen ganz China huldigt.«

Er hatte es nicht leicht, der fremde Teufel in dem fremden Land. Wie hatte er doch in Hongkong gesagt: »Mit dem neuen Kleid ist noch lange nicht der neue Mensch angezogen. Die Umwandlung des inneren Menschen gelingt nicht an einem Tag, auch nicht in einem Jahr, auch nicht ohne manche schmerzliche Operation.«

»Euer Gnaden!«

Während Fu Shenfu noch von Dorf zu Dorf wanderte und ritt, Katechumenen betreute und dafür sorgte, dass die Katechisten ihre Pflicht taten, war seine Versetzung schon beschlossene Sache. Ein anderer sollte das begonnene Werk in Ichowfu weiterführen. Freinademetz wurde nach Puoli beordert. Anzer stand vor einer Europareise, der Südtiroler sollte ihn vertreten.

Zwei Jahre, bis zum August 1886, leitete Josef Freinademetz als Administrator die Steyler Mission in Süd-Shantung.

Die Station Puoli war über die primitivsten Anfänge hinausgewachsen. Anzer hatte es verstanden, in kürzester Zeit eine echte Zentrale zu schaffen: In Puoli gab es nun ein so genanntes Knabenseminar, je ein Waisenhaus für Buben und Mädchen, notwendige Werkstätten und sogar eine kleine chinesische Druckerei. Dazu trug Anzer Freinademetz auf, eine Katechistenschule aufzubauen. Was an allen Ecken und Enden fehlte, war das liebe Geld. Anzer hinterließ leere Kassen. Den Missionaren blieb nichts anderes übrig, als eine unfreiwillige Abmagerungskur zu machen. Beim Administrator blieb sie ohne Wirkung, »mangels Masse«, wie die Mitbrüder scherzten.

Geld spielte auch bei der Bekehrung eine Rolle. »In dem Glauben, in der Mission die Fleischtöpfe Ägyptens vorzufinden, sah sich schon mancher enttäuscht. Bei uns kann einer höchstens das Manna in der Wüste vorfinden«, kommentiert Freinademetz das Verhalten mancher Interessenten.

Eine wesentliche Aufgabe in Puoli sieht der Administrator in der Betreuung seiner Mitbrüder in der Zentrale und draußen in den verschiedenen Winkeln des Missionsgebietes. Er weiß, was es heißt, einsam und allein durch die Gegend ziehen zu müssen. Immer wieder lädt er die Missionare ein, in die Zentrale zu kommen und sich seelisch und körperlich zu erholen. Dabei achtet er besonders auf die geistige und geistliche Weiterbildung. Unermüdlich studiert er selber, arbeitet Vorträge aus und predigt. Seine Arbeit ist jetzt anders als in den Wandermonaten, dem Umfang nach aber nicht geringer. Trotzdem bleibt ihm jetzt Zeit, sich ein wenig zurückzuziehen, zu beten und zu meditieren.

Das ist der beste Nährboden für einen inneren Prozess. Er muss junge Missionare einschulen, sie begeistern und motivieren. Das setzt voraus, dass er seinen eigenen Standpunkt genauestens durchleuchtet und über sein Verhältnis zu den Chinesen nachdenkt. Es gelingt ihm, über Vorurteile und Misserfolge hinwegzukommen und den Chinesen an sich zu bejahen. Aus seinen Briefen spricht jetzt eine andere Sprache. Anschaulich beschreibt er seinen Eltern das schlichte Bauernhaus der Chinesen, die Scheune, das Dreschen und Mahlen des Kornes, das Pflügen und Säen. Er fühlt sich eingebunden in den chinesischen Jahresablauf. Sogar das Schönheitsideal der verkrüppelten Frauenfüße versucht er zu verstehen. »Im Übrigen: Die Chinesen sind durchaus kluge Köpfe, selbst der einfache Bauer redet daher wie ein Doktor, beherrscht die vornehmsten Umgangsformen. Uns Europäern sind sie in vielen Belangen überlegen. Dessen sind sie sich natürlich auch bewusst, daher das riesige Selbstbewusstsein und die Verachtung des Ausländers. Meiner Meinung nach stehen die Chinesen an der Spitze der Nationen. Was ihnen freilich fehlt, ist das Christentum.« Derselbe Mann hat noch fünf Jahre vorher den Chinesen bescheinigt, vom Herrgott mit weniger guten Anlagen ausgestattet zu sein als die Europäer! Immer mehr wird ihm klar, was Mission eigentlich heißt: Der Europäer muss sich dem Chinesen anpassen, nicht umgekehrt. »Wir müssen, soweit es uns möglich ist, fühlen und denken lernen wie die Leute von Shantung! Wir sehen viel zuviel mit europäischen Augen.«

Derartiges Gedankengut stößt auf Widerspruch. »Da haben wir aber ganz was anderes gelernt, von der Verderbnis des Heidentums und so weiter, wirft ein Neumissionar ein, als Freinademetz begeistert von den guten Charaktereigenschaften der Chinesen und ihren strengen Sitten erzählt und sie mit den Zuständen in den europäischen Großstädten vergleicht.

Er löst sich innerlich von seiner Heimat, sieht mit anderen Augen. Dabei ist zu bedenken, dass Europa in diesen Jahren auf dem Gipfel seiner Macht steht. Überall lassen die europäischen Kolonialmächte ihre Überlegenheit fühlen. England, Frankreich, Deutschland, Spanien, Portugal und Holland haben die Welt unter sich aufgeteilt. China selbst bekommt die europäischen Kanonen zu spüren. Gerade in diesen Jahren (1884/85) verliert das Reich der Mitte einen Krieg gegen Frankreich, was den Missionaren den vermehrten Hass der Chinesen zuzieht. Die europäischen Supermächte, nicht zuletzt die Deutschen, sind auf dem Sprung, China ihren Interessen unterzuordnen. Und da wagt es der Ladiner aus dem Gadertal, den Chinesen Respekt zu zollen. Er anerkennt die chinesischen Eigenschaften und das chinesische Wesen in einem Maß, dass ein Franziskaner meint: »Den Mann kann man doch in keinen Beichtstuhl mehr lassen, wenn er in solchen Tönen von den Heiden spricht.«

In Freinademetz gärt und arbeitet es weiter: Paulus' Programm, den Griechen ein Grieche, will ihm nicht aus dem Kopf gehen: »Wenn der große Völkerapostel damals schon so gesprochen hat, müssen dann nicht wir heute erst recht so handeln? Also den Chinesen ein Chinese ...?« Er bleibt nicht bei der Theorie: »Wir müssen versuchen, dem Christentum den europäischen Anstrich zu nehmen.« Der Gedanke ist zwar nicht neu, davon haben schon die ersten Jesuitenmissionare im 15. Jahrhundert gesprochen, aber in der derzeitigen Situation ist er fast revolutionär. Fu Shenfu lässt sich davon nicht mehr abbringen. Er benützt die nächstbeste Gelegenheit, seine Ideen in die Tat umzusetzen. Er selbst berichtet: »Es war am Allerseelentag, da hat das Dorf Li chia chuang ein Fest erlebt, das es nicht so leicht vergessen wird. Seit einem Jahr schon war der Vater eines Neuchristen gestorben. Nun ist in China das größte aller Gebote die Ahnenverehrung. Gerade uns Christen wirft man ja vor, wir würden unsere Toten vergessen. Der Neuchrist wollte also der Sitte seiner Heimat gerecht werden und seinen Vater so vornehm als irgendwie möglich bestatten. Den günstigen Zeitpunkt einer solchen Feier hielt er gerade jetzt für gekommen. Die Leiche hatte er bisher, also ein ganzes Jahr hindurch, zu Hause aufbewahrt. Von weither, aus einem christlichen Dorf in Nord-Shantung, hat er eine Kapelle eingeladen. Es kamen über dreißig Mann, alle in Festkleidern, mit achtzehn Fahnen, vier Pferdewagen, an der Spitze das Kreuz. Das verträumte Li chia chuang hatte nie Derartiges gesehen. Die gaffende Menge ist nicht zu beschreiben. Die Zuschauer, die von überall her in das kleine Dorf kamen, schätze ich auf ungefähr 10.000. Sofort kamen die wildesten Gerüchte in Umlauf: Die Behörden würden das Begräbnis stören; Gegner der Mission würden Raufereien anfangen; man würde den Toten nicht hinaustragen lassen usw. Unsere wenigen Christen bekamen es allmählich mit der Angst zu tun. Uns selbst – mit mir waren noch zwei Priester da – war auch nicht ganz wohl zumute. Die Straßen waren zum Erdrücken voll. Wie soll man durch diese Menge noch mit dem Sarg durchkommen? Ein chinesischer Sarg ist furchtbar groß und schwer. Die Zahl der Sargträger weist auf die Würde des Verstorbenen hin. Den Sarg eines Kaisers tragen, wenn ich nicht irre, hundertzwei Männer. Kurzum, wir fassten uns ein Herz und befahlen gegen ein Uhr nachmittags, anzufangen. Als wir drei Priester mit unseren heiligen Gewändern angetan aus unserer Wohnung heraustraten, wurden wir gleich von einem allgemeinen Gelächter empfangen. ›Das kann ja gut werden‹, dachten wir. Glücklicherweise war das das einzige Störmanöver, das unsere Gegner wagten. Nachdem ich in aller Feierlichkeit die Leiche eingesegnet hatte, setzte sich der Zug in Bewegung: Die Priester bestiegen jeder einen eigenen Wagen, der von einem Maulesel gezogen wurde. Drei Katechisten versuchten hoch zu Ross, dem Zug Platz zu machen. Es wurde eine großartige Prozession mit flatternden Fahnen und schmetternder Musik. Mühsam bahnten wir uns den Weg durch die stürmisch wogende Menge. Nach den Wagen kam der Sarg, getragen von zwanzig bis dreißig Christen aus Dschangtja, die eigens dazu hergekommen waren, weil die Heiden jeglichen Dienst abgelehnt hatten. Hinter der Leiche dann die Wehklagenden mit einem Herz und Ohren zerreißenden Geheul. Geradezu gefährlich wurde das Gedränge am Grab. Man musste höllisch aufpassen, von der nachdrängenden Masse nicht in das Grab geschoben zu werden. Die ganze Feier ging ohne wesentliche Störung vor sich. Lediglich am Abend des selben Tages fing der Strohhaufen neben unserem Haus ganz von selbst Feuer … Diese Festlichkeit hat unserer Religion sehr viel Ansehen gebracht. Der Trauertag war somit eigentlich zu einem Freudentag geworden, das getraue ich mir auch insofern zu sagen, als die Tränen um den Verstorbenen im Lauf des Jahres doch längst vertrocknet waren und das jämmerliche Weinen am Sarg des Verblichenen nichts als leeres Zeremoniell war. Das gehört in China eben genauso dazu wie bei den Hottentotten das Schnapstrinken.«

Zweifaches hat die Mission mit dieser einen Feier erreicht: Die Christen, insbesondere die Taufschüler, waren hell begeistert. Sie konnten endlich einmal in aller Öffentlichkeit ihren Glauben zeigen und dabei demonstrieren, dass auch sie imstande waren, würdig Feste zu feiern. Die heidnische Bevölkerung kam aus dem Staunen nicht heraus: So feierlich waren nicht einmal ihre eigenen Totenfeste. Administrator Fu Shenfu hatte zugunsten der Mission einen Volltreffer gelandet.

Aus all seinem Denken und Träumen riss ihn eine Bemerkung in einem Brief von Rektor Arnold Janssen: Es sei, so hieß es da, in Österreich ein Haus geplant, und zwar Sankt Gabriel in Mödling bei Wien. Dazu sei ein österreichischer Staatsbürger nötig, die Steyler Gemeinschaft habe aber nur einen, der in Frage komme: der Chinamissionar Josef Freinademetz, was der wohl dazu denke? Fu Shenfu fiel aus allen Wolken. »Um Gottes willen, nein, Herr Rektor, nein. Nur, wenn es wirklich nicht anders geht. Gern ganz und gar nicht.« Josef Freinademetz hängt schon viel zu sehr an seinen Chinesen. Zwar packt ihn hie und da das Heimweh nach seinen Angehörigen, nach seinen Tiroler Bergen, aber China verlassen? Rektor Janssen erwähnt die ganze Sache nie mehr. Dafür kommt eine andere Nachricht, die zwar zu erwarten war, aber dennoch eitel Wonne bringt: Am Weihnachtstag 1885 erhält der Administrator ein Telegramm: »Freinademez, Tsining, Anzrbishof«. Johann Baptist Anzer ist Bischof geworden. Er trägt den kirchlichen Titel »Apostolischer Vikar«. Damit ist die Steyler Mission Süd-Shantung selbständig.

»Wir haben einen Bischof«, jubelt die Mission. Freinademetz jubelt mit. Er ist sich bewusst, hätte er damals auf Monsignore Cosi gehört, der neue Bischof würde jetzt Freinademetz heißen. Aber genau das hat er nie gewollt. Er ist heilfroh, die Verantwortung für die Mission wieder abgeben zu können. »Dafür bin ich nicht geschaffen.« Er weiß um die Grenzen seiner Fähigkeiten. Er kann die Ankunft des neuen Bischofs nicht erwarten: »Euer Gnaden, kommen Sie doch möglichst bald!«

»Euer Gnaden« – seit der Nachricht von der Ernennung redet er den langjährigen Weggefährten nur noch mit »Euer Gnaden« an. Falsche Demut? Unterwürfigkeit? Einerseits verwehrt es ihm der Bischof nicht, ganz im Gegenteil, Anzer beschwert sich bei Arnold Janssen, nicht von allen Mitbrüdern entsprechend tituliert zu werden. Andererseits sieht Freinademetz in seinem Bischof den besonderen Diener der Kirche, seiner Kirche, der er sich selbst mit Haut und Haar verschrieben hat.

Der Bischof lässt sich Zeit. Humorvoll schildert Freinademetz, wie Puoli auf Hochglanz gebracht wird: »Wie man beim Theaterspielen sich schnell einen Kaiser macht, wenn man einen braucht, so mussten auch unsere alten Lehmhütten die Rolle übernehmen, sich in ›Bischöflichen Palast‹ umtaufen zu lassen; und für allenfallsige böse Leute, die beim Anblick der neuen Hofburg sich ein mitleidiges Lächeln oder Kopfschütteln erlauben: Sie wurde frisch gestrichen!«

Endlich, am Ostersonntag 1886, kommt ein Telegramm, eine Gruppe von Neupriestern sei im Anmarsch, unter ihnen der Bischof. Hals über Kopf setzt sich der Administrator in seinen einachsigen chinesischen Karren und fährt seinem Bischof entgegen. Auf offener Straße trifft er auf die Karawane. Im Nu steigt alles aus, umringt Freinademetz. Aber wo ist der Bischof? Der gute Fu Shenfu ist aufgeregt wie selten zuvor. Da endlich, er fällt vor seinem Weggefährten auf die Knie, küsst ihm ehrerbietig die Hand – und der Neumissionar Theodor Vilsterman staunt nicht schlecht, dass Pater Freinademetz, von dem er schon so viel gehört hat, gerade ihn so überschwänglich willkommen heißt. Bischof Anzer ist gar nicht dabei! Freinademetz hat in seiner Aufregung den Falschen erwischt. Das Gelächter ist groß,

Freinademetz aber ist so enttäuscht, dass er den neuen Missionaren fast die Stimmung verdirbt.

Im August ist es dann endlich soweit: Der Administrator übergibt die Mission von Süd-Shantung dem kirchlichen Oberen, Bischof Johann Baptist Anzer. Das Vikariat ist in der zweijährigen Abwesenheit Anzers enorm gewachsen: die Zahl der Getauften ist von 182 im Jahr 1884 auf 634 gestiegen, darunter ein Gutteil der Katechumenen (Taufbewerber), die Freinademetz als Wandermissionar gesammelt und betreut hatte. Jetzt, im August 1886, zählt die Mission nicht weniger als 2150 »neue« Katechumenen.

Anzers erste Amtshandlung: Freinademetz wird Provikar, also sein Stellvertreter. Er bleibt es fast zwei Jahrzehnte lang.

»Ich liebe China und die Chinesen!«

Als die Empfangsfeierlichkeiten für den neuen Bischof vorüber waren, begann Freinademetz mit der Vorbereitung auf sein eigenes großes Fest: die Ablegung der ewigen Gelübde. Er war bisher nur durch ein Versprechen an die Steyler Gemeinschaft gebunden. Der Hauptgrund der Europareise Anzers war das Generalkapitel in Steyl gewesen. Dort war beschlossen worden, die drei traditionellen Gelübde der Armut, Keuschheit und des Gehorsams einzuführen. Für Freinademetz bedeuteten die Gelübde das endgültige unabdingbare Ja zu seiner Arbeit in China im Rahmen der »Gesellschaft des Göttlichen Wortes« – so hieß die Steyler Gemeinschaft von jetzt an. Bezeichnend seine Tagebucheintragung: »Somit, Bruder Josef, ist das Los gefallen: bete, arbeite, leide, ertrage. Dein ganzes Leben für deine Chinesen, auf dass du dich, wenn du dich dereinst am Abend deines Lebens zum Sterben niederlegst, schlafen legen kannst neben und mit deinen teuren Chinesen. Adieu! Leb wohl, zum letzten Mal, liebe Heimat überm Meer drüben!«

Der Ujöp aus Oies hat endgültig innerlich vollzogen, was er erstrebt hat: den Chinesen ein Chinese zu werden. Ungeniert bekennt er in seinen Briefen nach Hause: »Ich sage Euch ehrlich und offen: ich liebe China und die Chinesen, und ich bin bereit, dafür auch zu sterben. Eine Rückkehr nach Europa wäre jetzt das größte Opfer, das man mir abverlangen könnte. Jetzt, wo ich mit der Sprache nicht mehr so große Schwierigkeiten habe und wo ich das Volk und seine Lebensweise kenne, ist mir China zur Heimat geworden und zum Schlachtfeld, auf dem ich einmal fallen möchte. Wenn ich jetzt zu Euch nach Abtei käme, würde ich mich als Fremder fühlen. Seit sieben Jahren bin ich nun in China, und wenn Gott will, bin ich bereit, noch siebzig Jahre hier zu bleiben. Glaubt mir, China ist nicht weniger schön als Abtei, ausgenommen, dass hier die Leute Heiden sind.«

Fu Shenfu ist bereit, alles zu geben.

Wieder auf Wanderschaft

»Es heißt wieder hinaus in die Diaspora, wo die Schafe keinen Augenblick sicher sind vor den Wölfen, wo sie noch in Massen ohne Hirten und Heimat herumirren.« So kommentiert Fu Shenfu seine neue Bestimmung. Er muss wieder seine Siebensachen zusammenpacken, muss wieder einmal Abschied nehmen. »Ganz trocken ging es diesmal nicht ab, dafür hatte ich die Christen von Puoli zu lieb gewonnen.« Ohne falsche Scham gesteht er seine Gefühle ein. Dieses Mal musste er nicht so mutterseelenallein über den Hoangho wie das erste Mal vor nunmehr fünf Jahren. Die Mission war gewachsen, aus Steyl traf steter Nachschub ein. Zu viert sattelten sie am 18. August 1886 die Pferde. Jedes Pferd trug einen weißen Reisesack mit Bettzeug, Kleidern, Büchern und Mess-Sachen. Nach chinesischer Sitte waren die Reisesäcke mit vier großen Schriftzeichen bedruckt: »Die Welt ruht«, »Tiefer Friede« oder »Friede der ganzen Welt«.

Tagelang ritten die Missionare durch das chinesische Land, führten ihre Pferde über Stege und durch Flüsse. Der Reihe nach verabschiedete sich einer von ihnen, um in das Gebiet zu reiten, wofür er bestimmt war. Freinademetz war für die mehr im Westen von Süd-Shantung gelegenen Gemeinden um Liangshan im Kreis Wenshang, Präfektur Yenchowfu, bestimmt.

Von Liangshan ist er begeistert: »Wohl der schönste Platz unserer Mission, ein wahrer Lustgarten.« Den Oiesern beschreibt er einen zentral gelegenen Berg, »sanft emporsteigend, mit grünen Grasmatten, worauf sich Schafherden tummeln. Ich bin eingedenk meiner Tiroler Berge vor lauter Begeisterung gleich hinaufgestiegen, um mir die Gegend anzuschauen. Der Gipfel würde einen phantastischen Platz für eine Wallfahrtskapelle abgeben – stattdessen steht ein heidnischer Dorftempel oben!«

Vier Jahre lang wandert er jetzt wieder unermüdlich von Ort zu Ort, versucht eine Vertrauensbasis zu schaffen, wirbt Katechumenen an, betreut die Katechisten. Es ist ein nie endendes Auf und Ab. Erfolge reihen sich an Misserfolge, Enttäuschungen an beglückende Erlebnisse. Fu Shenfu fühlt sich in seinem Element. Er ist Mitte Dreißig, auf der Höhe seiner physischen und psychischen Kräfte. Er lebt hautnah mit seinen chinesischen Christen, teilt mit ihnen Freud und Leid, kämpft mit ihnen gegen behördliche Willkür und gegen den Hass der Andersgläubigen und freut sich mit den wachsenden Gemeinden.

Er spricht jetzt perfekt Shantung-Chinesisch. »Am besten von uns allen«, gestehen seine Mitbrüder ein. Er kennt sich in

Bräuchen, Sitten und Gepflogenheiten aus. Sein inneres grundsätzliches Ja zum Chinesen hat ihn frei und unbefangen gemacht. Er fühlt sich nicht mehr als der über allem stehende Europäer, er ist glücklich, wenn ihn die Chinesen als ihresgleichen annehmen.

Er ist auch nicht mehr so allein. Zwei junge Patres sind ihm unterstellt und arbeiten ganz in der Nähe. Mit dem Bischof führt er einen intensiven Briefwechsel, fragt ihn um Rat, lädt ihn ein, wird von ihm da und dort hingeschickt. Voll Freude erzählt Freinademetz von blühenden christlichen Gemeinden, von überraschenden Bekehrungen. So von einem 71-jährigen Gelehrten: »Obwohl erst seit gestern katholisch, sprach er mit einer Beredsamkeit von der Kostbarkeit der Seele, vom Sinn des Leidens, von der Hinfälligkeit alles Irdischen, als hätte er schon lange Jahre in der Schule des Gekreuzigten verbracht. Die der Taufe vorhergehende Nacht hat er fast ganz durchgewacht und gebetet. Wie der Schiffbrüchige ans Rettungsseil klammert er sich fast krampfhaft an unsere heilige Religion.«

Ein besonderer Schachzug gelang Fu Shenfu mit der Bekehrung einer Bettlerin, die sich auf Akupunktur, die altchinesische Medizin, verstand. Durch ihre Kunst fand die Frau leicht Zutritt zu heidnischen Familien und hatte so Gelegenheit, überall von ihrem christlichen Glauben zu erzählen.

Das Erstaunliche an der Süd-Shantung-Mission ist, dass die Christen selbst missionierten. Oft waren sie selbst noch nicht getauft und warben schon neue Taufschüler an.

Fast noch berühmter als der fremde Teufel wird in der ganzen Gegend das Instrument, das er als Lockmittel mit sich führt: Freinademetz hat irgendwo ein kleines Grammophon ergattert, das er bei jeder passenden und unpassenden Gelegenheit ablaufen lässt. Klar, dass das in jedem Dorf die Sensation ist. »Es hat mir schon gute Dienste geleistet und eine Menge Neugierige herbeigerufen.« Leider geht das Gerät den Weg alles Irdischen. Sofort wendet er sich an den Bischof: »Kann ich von Euer Gnaden nicht irgendein Spielzeug oder sonst eine Merkwürdigkeit haben, die die Leute anziehen könnte? Das würde beim Predigen gute Dienste leisten.«

Josef Freinademetz hatte Erfolg, aber keinen Grund, übermütig zu werden. Misserfolge und moralische Tiefschläge hatte er in mindest ebensolchem Maß einzustecken. Da gab es in vielen Orten offene Feindseligkeiten, die lebensgefährlich werden konnten. Oft wurde seine Vertrauensseligkeit ausgenützt und missbraucht. Christen und Katechumenen holten sich Rückenstärkung bei ihm, wenn es um gerichtliche Händel ging. Nicht immer hatte er dabei eine glückliche Hand.

Da stritten ein christlicher und ein heidnischer Bräutigam um eine christliche Braut. Da kam die Polizei Katechumenen auf die Spur, die mit Salz illegalen Handel trieben. Da versuchte Freinademetz, vor einem Mandarin bei einem Prozess seine Christen zu verteidigen und musste erfahren, dass sie ihn belogen hatten. »Damit haben wir unser Gesicht vor dem Mandarin verloren. Nun glaubt uns keiner mehr.« In der Folge ging ein ganzes Gebiet für die Mission verloren, »weil keine Vertrauensbasis mehr vorhanden war«.

Dann hörte er wieder, dass in einem Ort die Kapelle geschlossen worden sei. »Warum? Weil niemand mehr zum Gottesdienst kommt. Der Anlass? Der Katechist hat ein sehr schlechtes Beispiel gegeben.«

Besonders gefährlich wurde für die Christen jedes Jahr die Zeit um Chinesisch Neujahr. Die Katechumenen mussten sich, das war damals noch unerbittliches Gesetz in der Mission, der alten chinesischen Riten enthalten, auch im Familienkreis, so zum Beispiel bei der Zeremonie vor der Ahnentafel. Einige Taufbewerber ließen sich während dieser Festtage zu Hause nicht sehen, was natürlich auffiel. Andere blieben zwar zu Hause, nahmen aber an der Zeremonie nicht teil, was die Familie entzweite. An manchen Orten gerieten die Nichtchristen wegen des für sie unverständlichen Verhaltens der Christen so in Wut, dass sie die christlichen Gebetslokale zerstörten und alles mitgehen ließen, was nicht niet- und nagelfest war. Nicht selten kam es sogar zu Gewalttätigkeiten innerhalb der Familien. Um diese Zeit fielen besonders viele Christen von ihrem neuen Glauben ab.

Seine »größte Enttäuschung« erlebte Freinademetz mit dem Katechisten T'ang pien.

T'ang pien hatte sich als geschickter Unterhändler mit den Behörden erwiesen und wollte Christ werden. Freinademetz spendete ihm außergewöhnlich schnell die Taufe und stellte den fähigen Redner als Schullehrer und Katechisten im Kreis Chengwu an, wo er 200 Katechumenen betreuen sollte. Bald hörte Fu Shenfu, dass der Katechist zwar wenig für die Glaubensschulung tue, aber umso mehr in Geldgeschäfte verwickelt sei, vor allem als Advokat in Prozesshändeln, die ihm fette Honorare einbrachten. Statt einen entsprechenden christlichen Lebenswandel zu führen, besuchte er verbotene Theater und lud Schauspieler von zweifelhaftem Ruf ein, im christlichen Gebetsraum Aufführungen zu veranstalten. »Außerdem treibt der Kerl Opiumhandel. Weil er vielen dient, ist er ein beliebter Mann«, wetterte Freinademetz. Er entließ den Katechisten aus kirchlichen Diensten. Dagegen sträubten sich die Katechumenen, denn T'ang pien hatte es verstanden, sich viele Freunde zu schaffen. Fu Shenfu machte sich sofort auf den Weg. T'ang pien erwartete ihn vor dem Gebetslokal, umgeben von seinen Anhängern. Keiner durfte den Missionar begrüßen. Freinademetz kamen die Tränen. Niedergeschlagen ging er ins Gebetslokal. Keine Hand rührte sich, um seine Tiere zu versorgen. Niemand bot ihm und seinen Begleitern etwas zu essen oder zu trinken an. Spät in der Nacht waren es schließlich Nichtchristen, die sich seiner erbarmten. »Am nächsten Morgen zelebrierte ich noch für das unglückliche Dorf eine Messe und dann schob ich mit langer Nase ab.« Als Freinademetz wieder in seine Station zurückkam, war er »völlig niedergeschlagen, das Gesicht weiß wie Kreide«, schrieb ein Mitbruder.

T'ang pien arbeitete in der Folge offen gegen die Kirche. Die neue Gemeinde war ruiniert. »Was ich in der ganzen Angelegenheit mir zuschulden kommen ließ, bitte ich Euer Gnaden um Verzeihung«, schreibt Freinademetz an den Bischof. »Ich habe es nur gut gemeint.«

Schwierigkeiten mit dem Bischof

Das Verhältnis zu seinem Bischof verschlechterte sich, sehr zum Leidwesen des Südtirolers, zusehends. Anzer schien die bischöfliche Würde nicht ganz zu verkraften. Die Missionare beklagten sich, dass er zu herrisch sei, sie nur von oben herab behandle. Immer wieder kamen sie zu Fu Shenfu, um sich bei ihm auszusprechen, sich zu beschweren und zu beklagen.

Freinademetz galt bei seinen Mitbrüdern als die gute Seele, der man alles anvertrauen konnte, die für jeden ein Wort des Trostes übrig hatte. Der Südtiroler war seinerseits zu ehrlich, dem Bischof nicht die Meinung zu sagen. Immer wieder forderte er ihn auf – zwar mit gedrechselten Worten, aber deutlich genug –, seiner Berufung als »Vater der Mission« getreu zu sein. Schwieg sich der Bischof anfänglich aus, so trat er bald zum Gegenangriff an: in scharfen Worten warf er Freinademetz verschiedene Fehlhaltungen vor, zum Beispiel, dass er sich in Dinge einmische, die ihn nichts angingen, dass er sich in unnötigen Prozessen mit den chinesischen Behörden verzettele.

Dieses gespannte Verhältnis belastete Freinademetz außerordentlich: »Ich bitte Euer Gnaden, mir das nicht als Klage aufzufassen; ich intendiere einzig, Euer Gnaden den wahren Sachbestand mitzuteilen. Euer Gnaden können sich bei allen unseren Mitbrüdern erkundigen, ob ich irgendwie gegen Euer Gnaden agitiere; ich glaube kaum, dass ich in diesem Punkt viel Ärgernis gegeben habe.«

Freinademetz wahrte seinem Bischof gegenüber eine aufrechte Haltung, nannte Tatsachen und scheute sich nicht, dem Bischof immer wieder ein brüderliches Mahnwort zu erteilen. »Euer Gnaden können kaum ahnen, wie ein einziges gutes Wort aus Ihrem Mund uns Missionare begeistern kann, dass wir zu allen Opfern bereit sind. Ich meine, Strenge und Gewalt kann wohl die Herzen verschließen und verhärten, aber nicht gewinnen und begeistern. Mit einem Tropfen Honig fängt man mehr Fliegen als mit einer Tonne Essig. Ich bitte Euer bischöfliche Gnaden, mir diese Worte nicht übel zu nehmen. Würde ich Euer Gnaden weniger lieben, so würde ich schweigen. Ich schreibe ja nicht in meinem eigenen Interesse; denn, ehrlich gesagt, schweigen wäre leichter als sprechen.«

Das Verhältnis der beiden blieb belastet, wurde mit der Zeit sogar noch gespannter. Trotzdem fehlte es nicht an der notwendigen Zusammenarbeit. Immer wieder trafen sie einander, immer wieder ließ sich Freinademetz für besondere Arbeiten einteilen.

»Bringt den fremden Teufel um!«

Im Mai 1889 wanderte Fu Shenfu durch den Kreis Tsaohsien, wo sich im Dorf Hsü chuang eine neue Christengemeinde mit etwa zehn Familien gebildet hatte. Der Dorfvorsteher Hsu K'o-shih war selbst Katechumene und Christenvorsteher. Als sich auch in benachbarten Dörfern Interesse an der Mission zeigte, wurde der Bezirksvorsteher unruhig. Schließlich verklagte er den Dorfvorsteher Hsu K'o-shih beim Mandarin in der Kreisstadt Tsaohsien mit der Begründung, er verberge Anhänger einer geheimen Sekte in seinem Haus und treibe auch sonst unerlaubte Dinge. Der Mandarin von Tsaohsien war berüchtigt, das Volk nannte ihn »Schinder«. Gegen Hsu K'o-shih erfolgte ein Haftbefehl, er wurde zur Gerichtsverhandlung nach Tsaohsien gebracht.

Noch am selben Tag benachrichtigten seine Angehörigen Pater Freinademetz. Der ließ umgehend durch einen Katechisten seine Visitenkarte ins Mandarinat bringen. Das bedeutete, er, der europäische Missionar, setze sich für den Angeklagten ein. Den Mandarin brachte das erst recht in Rage. Er setzte sofort die Gerichtsverhandlung an. Freinademetz ließ sich davon berichten und verfasste ein genaues Protokoll:

Mandarin: »27 Bezirksvorsteher, also die Vorsteher von mehr als 200 Dörfern, haben dich verklagt. Du hältst verbotene Sektierer in deinem Dorf verborgen.«

Christ: »Das ist unwahr, ich gehöre weder selber einer verbotenen Sekte an, noch habe ich es mit Anhängern einer solchen Sekte zu tun. In meinem Dorf gibt es keine andere Sekte als die ›Religion des Himmelsherrn‹.«

Mandarin: »Warum vertreibst du die nicht?«

Christ: »Ich Kleiner habe nicht das Recht dazu.«

Mandarin: »Wie viele Europäer sind dort?«

Christ: »Ein einziger.«

Mandarin: »Du bist Dorfvorsteher und bist nicht imstande einen einzigen Europäer zu vertreiben? Warum lässt du ihn nicht durchprügeln? Warum gibst du ihm Wohngelegenheit und lässt es zu, dass ihm Nahrungsmittel verkauft werden?«

Christ: »Ich habe kein Recht, ihm das zu verwehren!«

Mandarin: »Wenn du es nicht kannst, warum gibst du nicht mir Nachricht? Ich habe Mittel genug, die Europäer zu vertreiben.«

Christ: »Man hat mir gesagt, die Europäer haben vom Kaiser das Recht, die christliche Religion zu verkünden, und vom Volk dürfe sie jeder ungehindert ausüben.«

Anschließend an dieses Verhör ließ der Mandarin dem Dorfvorsteher »eine hübsche Portion Streiche applizieren«, berichtet Freinademetz weiter. Hsu K'o-shih wurde regelrecht gefoltert. Nach 600 Stockschlägen und 100 Streichen ins Gesicht gab er schließlich das Versprechen ab, die »Sektierer« zu vertreiben und unterschrieb ein entsprechendes Schriftstück, wurde aber dennoch nicht freigelassen.

Die Nachricht von der Behandlung des Dorfvorstehers verbreitete sich rasch. Die Christen gerieten in panische Angst, ihre Gegner triumphierten.

Freinademetz wagte den Gang in die Höhle des Löwen. Bei anbrechender Nacht erreichte er die Stadt. »Beim Absteigen im Wirtshaus hat mich keine Seele erkannt, nicht einmal der Gastwirt wusste, dass er einen europäischen Teufel beherbergt.« Sofort ließ Freinademetz seine Visitenkarte ins Mandarinat überbringen, um seine Ankunft zu melden. Er ließ ausrichten, dass er den Mandarin persönlich zu sprechen wünsche. Der sagte ohne Umschweife zu. Gleich am nächsten Morgen um sieben Uhr, es war der 23. Mai 1889, wurde der Europäer ins Mandarinat gerufen. »Ich, in Mandarinenkleidern zu Wagen, der eine Katechist mit goldenem Knopf zu Pferd, der andere mit der roten Visitenkarte in der Hand zu Fuß: so erfordert es die Sitte, und so ging es durch die Hauptstraße der Stadt hin ins Mandarinat bis zum großen Gerichtssaal hinauf. Die Visitenkarte wird abgegeben mit dem Bedeuten: Glaubensprediger Fu auf Besuch!« – Fu

Die Visitenkarte mit dem amtlichen Namen: Fu Jo-shei, Fu Josef

Shenfu hatte gelernt, er wusste jetzt, wie er aufzutreten hatte. Was dann geschah, schildert er selbst so:

»Nach wenigen Augenblicken tritt der Zeremonienmeister in Amtstracht heraus und ruft: ›Eingeladen!‹ Ich steige ab und schreite mitten durch zwei lange Reihen Spalier bildender Diener in Gala hindurch zum großen Empfangssaal, wo der Mandarin, ein dickleibiger Militärbeamter in den besten Jahren, mich erwartet.

Den Gruß meines Katechisten erwiderte er mit einem laut gellenden Hohngelächter – ich wusste, woran ich war. Ich hatte es mit einem verbissenen Europäer- und Christenfresser zu tun.

›Ich kenne euch wohl‹, begann er mit seiner Rede, ›ich bin an vielen Orten Mandarin gewesen und habe in Tsinanfu die Häuser eurer Kirche bewohnt.‹ – Kurz, er füllte mir die Ohren so voll mit seiner Prahlerei und Großtuerei, dass ich kaum Gelegenheit fand, zwischendurch auch einmal eine kurze Bemerkung einzuwerfen. Schließlich war ich es satt. ›Mandarin‹, sagte ich, ›ich bin in einer dringenden Amtsangelegenheit hier.‹ Der Mandarin: ›Die wäre?‹

Ich: ›Des Christen Hsu K'o-shih wegen.‹«

»Und nun hätten Sie sehen sollen«, so schreibt Freinademetz an Janssen, »wie geschickt der Schlaumeier sich in einen Schafspelz zu wickeln verstand; ich wusste nicht, sollte ich lachen oder mich ärgern, ich tat beides.

Mandarin: ›Hsu K'o-shih!? ... Ich kann mich keines Hsu K'o-shihs erinnern!‹

Ich: ›Hsu K'o-shih aus Hsü chuang, siebzig Li von der Stadt nach Südosten hin!‹

Mandarin: ›... ist wahr; ein Hsu K'o-shih hat vor Zeiten hier einen Prozess gehabt ... Nun, habe ich den Prozess nicht gut besorgt? . . Ich habe schon Tausende von Prozessen beigelegt und verstehe schließlich was vom Mandarinsein!‹

›Warum hast du den Christen Hsu K'o-shih verhaftet; was hat er verbrochen?‹

Mandarin: ›27 T'uan tsung (Vorsteher) von nahezu 300 Dörfern haben ihn als einen schlechten Menschen verklagt!‹

›Sind die 27 T'uan tsung alle vor dir erschienen?‹

Mandarin: ›Nein.‹

›Nach eurem Gesetz müssen die Kläger persönlich erscheinen; und wie können die Häupter von 300 Dörfern wissen, dass Hsu K'o-shih ein schlechter Mensch ist? Was hat er verbrochen?‹

Mandarin: ›Er verbreitet eine schlechte Religion!‹

›Die Religion, die Hsu K'o-shih verbreitet, verbreite ich, und ich tue es mit Gutheißung eures Kaisers. Hsu K'o-shih ist Christ, und dass er es ist, ist meine Schuld.‹

Mandarin: ›Ist Hsu K'o-shih Christ? Warum sagt er mir das nicht gleich? Ich habe ihn oft gefragt, wie die Religion heiße, der er angehöre; er sagte mir, er wisse selbst den Namen nicht.‹ ›Hsu K'o-shih ist Christ, und wenn er sonst nichts verbrochen hat, musst du ihn freilassen!‹

Mandarin: ›Ich habe ihn schon vor drei Tagen freigegeben: Der Prozess ist doch längst zu Ende!‹

›Das ist nicht wahr, ich bin gestern Abend hier eingetroffen und habe meine Leute sofort zu Hsu K'o-shih geschickt, er sitzt noch im Arrest.‹

Der Mandarin beteuert, er habe ihn vor drei Tagen entlassen. Und um meinem Unglauben nachzuhelfen, lässt er durch seine Amtsdiener die Prozessakten holen und mir zeigen. Er hat das Machwerk offenbar in der selben Nacht zu ebendiesem Zweck fabrizieren lassen.

›Ist gut', sagte ich, wenn du ihn vor drei Tagen schon freigegeben hast, wirst du nichts dagegen haben, wenn ich Hsu K'o-shih heute mit mir heimführe?‹

Der Mandarin sagte mir das zu und gewährte sogar meine

Bitte um Veröffentlichung eines Ediktes zugunsten unserer heiligen Religion – der schlaue Fuchs!

Ich ergriff die Teetasse zum Zeichen, dass meine Visite zu Ende sei; er erkundigte sich genau nach der Zeit meiner Abreise und begleitete mich hinaus zu meinem Wagen. Ich war so naiv und glaubte wirklich, die Freilassung meines Christen erwirkt zu haben.«

Fu Shenfu ließ sofort den Christen Hsu K'o-shih aus dem Gefängnis holen. »Der war so elendiglich zugerichtet, dass er nicht einmal auf dem Wagen sitzen konnte.«

Nach ungefähr einer Stunde erschienen plötzlich vier Gerichtsdiener im Gasthaus und überbrachten den Befehl des Mandarins, Hsu K'o-shih habe mit ihnen zu kommen. »Ich hatte ein ungutes Gefühl«, schreibt Freinademetz.

Kaum waren die Gerichtsdiener verschwunden, füllte sich der Vorhof des Gasthauses mit einer brüllenden Menge. Es dauerte nicht lange, und die Tür wurde eingeschlagen; an die zehn Männer, zum Teil in der Uniform des Mandarinates, stürzten sich mit armdicken, langen Knüppeln auf den europäischen Missionar und seine chinesischen Begleiter. Unter wüsten Beschimpfungen zerrten sie den fremden Teufel schließlich ins Freie, warfen ihn zu Boden und begannen von neuem auf ihn einzudreschen. »Sie rissen mir die Haare aus, verdrehten mir die Arme, und aus dem Ort, wo alle Welt seine Notdurft verrichtet, griff einer eine Handvoll heraus und frisierte mir das ganze Gesicht.«

Freinademetz verlor fast die Besinnung. Schließlich schleiften sie ihn unter mörderischem Geschrei durch die Straßen der Stadt, rissen ihn immer wieder empor und zwangen ihn vorauszumarschieren, indem sie ihm den Arm verdrehten und ihm die Haare büschelweise ausrissen. »Die Verhöhnungen, Verwünschungen und Todesdrohungen nahmen kein Ende; einmal wollten sie mich in den Brunnen werfen, dann wieder in den Stadtgraben.«

Freinademetz sah sein Ende gekommen. Als einer seiner Katechisten, genauso zugerichtet wie er, an ihm vorbeigeführt wurde, schrie er ihm schnell zu, Reue und Leid zu erwecken, und gab ihm die Absolution.

Anstatt zu jammern und um sein Leben zu betteln, hatte der Missionar anderes im Sinn: »Ich dachte an den kreuztragenden Erlöser, wie er durch die Straßen Jerusalems gezogen wurde, und pries mich glücklich, an seiner Schande teilnehmen zu dürfen. Trotzdem hatte ich natürlich Angst und betete inständig um Stärke.«

Der Marterweg war noch nicht zu Ende. Der Pöbel schleifte und zerrte den gefangenen Europäer durch Stadt und Vorstadt bis ins Freie. Dort munterten sich die Chinesen gegenseitig auf, mit Folterungen zu beginnen. »Ich war auf alles gefasst. Aber plötzlich brüllte irgendwer, es sei nicht gestattet, mir weiterhin Gewalt anzutun. Die Quälgeister schienen irritiert, ließen mich, gefesselt, wie ich war, auf den Boden plumpsen und waren für einige Augenblicke sprachlos. Ich sah meine Chance gekommen, nahm meinen letzten Mut zusammen und begann drauflos zu predigen: ›Es ist das erste Mal im Leben‹, stammelte ich, dass ich euch sehe und ihr mich. Nie habe ich euch ein Leid getan und ihr empfangt mich auf diese Weise! Ihr habt mich unmenschlich behandelt und eure Wut an mir ausgelassen. Trotzdem hege ich in meinem Herzen keinen Groll gegen euch. Die Religion, die ich predige, kennt ihr nicht. Würdet ihr sie kennen, so hättet ihr genauso große und noch größere Begeisterung für sie, als ihr jetzt gegen sie zeigt!‹«

Der Pöbel war sprachlos. Da hatten sie den Mann verlacht und verspottet, geschunden und gequält, wie es ihnen gerade in den Sinn gekommen war, und dem fiel nichts Besseres ein, als von seinem Gott zu reden, obwohl er kaum noch sprechen konnte. Der fremde Teufel lag buchstäblich im Dreck und sprach von der Herrlichkeit seiner Religion!

Die aufgehetzte Menge zerstreute sich irritiert. Irgendwer befreite den Europäer und seine Katechisten von den Fesseln. Mühsam rappelte sich Fu Shenfu auf, die Katechisten taten es ihm nach. »Wir sahen fürchterlich aus. Das erste, was wir taten, als wir so dastanden und uns gegenseitig anblickten – mit den zerrissenen Kleidern, geschwollenen und blutenden Gliedern, das Gesicht voller Dreck, ohne Mütze und ohne Schuhe, und das in einer ganz fremden Gegend, neunzig Li (elf Stunden) von den nächsten Christen entfernt – das erste war, dass wir hellauf lachen mussten.«

Auf dem »Rückzug« freilich verging ihnen das Lachen: Der Wagen war zertrümmert, Kleider, Mess-Sachen, Taschenuhr und viele andere Dinge gestohlen. Von den drei Maultieren war nur noch eines übrig geblieben. »Unser Geld war natürlich auch auf Nimmerwiedersehen verschwunden.« Mühsam machten sie sich auf den Weg. Da sprengten plötzlich an die zehn Reiter hinter ihnen her. »Um Gottes willen, die kommen schon wieder!« schrien die Katechisten. Es waren Soldaten vom Mandarin. »Uns blieb der Mund offen vor Staunen, als sie uns sagten, dass der Mandarin das Vorgefallene sehr bedaure, dass er zehntausendmal unschuldig an der ganzen Geschichte sei; er habe sogleich die vier Stadttore schließen lassen, um die Schuldigen einzufangen; sieben Mann seien bereits festgenommen.« Die Reiter nahmen ein Protokoll auf und verabschiedeten sich in aller Form. »Wir humpelten weiter, so gut es eben ging.«

Da sie kein Geld mehr hatten, konnten sie auch nirgendwo Unterschlupf finden. So marschierten sie die ganze Nacht hindurch und fielen im ersten Christendorf den Gläubigen in die

Sankt Leonhard/Abtei mit dem mächtigen Kreuzkofelmassiv, dessen höchster Gipfel die Zehnerspitze mit 3026 Meter ist. Oies liegt südlich (rechts) von Sankt Leonhard und ist auf dem Bild nicht mehr zu sehen.

Sankt Leonhard ist ein Barockjuwel. Von der Kanzel aus verabschiedete sich Josef Freinademetz am 2. März 1879 von seiner Heimatgemeinde.

Der Weiler Oies mit dem Geburtshaus (Bildmitte) und dem neuen Pilgerzentrum (links unten).

Die Stube im Geburtshaus mit dem Hausaltar, vor dem die Familie jeden Abend den Rosenkranz betete.

Mit vierzehn Kindern war die Ehe von Anna Maria und Giovanmatia Freinademetz gesegnet, vier starben unmittelbar nach der Geburt. Josef war ihr viertes Kind.

Von den zwanzig Brixner Maturanten des Jahres 1872 entschieden sich elf für das Theologiestudium, darunter der Primus Josef Freinademetz (Dritter von links in der mittleren Reihe).

1875, im Alter von 23 Jahren, empfing Josef Freinademetz die Priesterweihe.

Das Missionshaus in Steyl wie Josef Freinademetz es kannte. Dem ursprünglichen ehemaligen Gasthaus (am linken Bildrand) wurde 1879 der erste große Flügel zur Seite gestellt.

Arnold Janssen, der Gründer der Steyler Ordensfamilie.

Die katholische Kirche in Saikung, wo Freinademetz sein »Missionsnoviziat« verbrachte und Chinesisch lernte.

Das Tempelgebäude (Bildmitte) von Saikung hat die Zeiten überdauert und erfreut sich noch regen Besuches.

Die Zentrale der Steyler Mission in Puoli/Süd-Shantung wirkt auch heute noch wie eine Festung.

Die äußere Anpassung war schneller und leichter zu bewerkstelligen als die innere.

Die Bischofsresidenz von Yenchowfu, in der Pater Freinademetz residierte, wenn er als Provikar das Apostolische Vikariat zu leiten hatte. Das Gebäude wird auch heute von der Kirche genutzt.

Das Grabmal des großen Gelehrten Konfuzius (551–479 v. Chr.) in Küfu, in der Nähe von Yenchowfu.

Der Provikar Freinademetz mit chinesischen Würdenträgern in der bischöflichen Residenz in Yenchowfu.

Der Provinzial Freinademetz mit Mitbrüdern am Ende eines Exerzitienkurses im Jahre 1902 in Taikia.

Bischof Johann Baptist Anzer, der erste Apostolische Administrator von Süd-Shantung.

Eines der letzten Fotos zeigt einen ausgemergelten Pater Freinademetz mit Bischof Henninghaus und einer Gruppe von Missionaren im Park von Taikia.

Linke Seite: Josef Freinademetz in seinem fünfzigsten Lebensjahr. Zwei Jahre zuvor hatte ihn Arnold Janssen zum Provinzial ernannt.

Das kleine Häuschen, in dem Pater Freinademetz am 28. Januar 1908 starb, beherbergt heute einen Krämerladen.

Die Gedenktafeln zu beiden Seiten des Eingangs (hier die lateinische) haben die Zeiten überdauert.

In vielen Darstellungen kommt die Liebe Gottes zum Ausdruck, die Freinademetz verkörperte. Gemälde von Lois Irsara.

Linke Seite. Inschrift auf der Gedenktafel: »In diesem Zimmer hat der Diener Gottes P. Jos. Freinademetz SVD, unermüdlicher Verkünder des Evangeliums und herrlich in Wort und Tat, gestärkt durch die göttlichen Geheimnisse am 28. Januar des Jahres des Heiles 08 Gott seine Seele geläutert zurückgegeben.«

Nächste Seite: Das ursprüngliche Grab wurde während der Kulturrevolution zerstört. Der Rest der Grabplatte wurde in Beton gefasst und neu aufgestellt.

In Hongkong ist die Kirche auch heute wie zu Zeiten Pater Freinademetz' eine kleine Minderheit.

Die Gebäude der Altstadt (im Vordergrund) von Tsingtao stammen noch aus der Zeit der deutschen Besetzung.

Im Keller des Geburtshauses wurde eine Kapelle eingerichtet.

Wandgemälde am Pfarrheim in Sankt Leonhard von Lois Irsara.

Das kleine Marterl in Santa Cristina in Gröden zeigt, wie beliebt Josef Freinademetz in seiner Heimat ist.

Der Grödner Bildhauer Willi Verginer schuf 2002 für den Gottesdienstraum des Pilgerzentrums eine mannshohe Statue des Heiligen.

Die chinesischen und Tiroler Stilelemente des Pilgerzentrums weisen auf die zwei Kulturen hin, die Josef Freinademetz in sich vereinte.

Die Arbeitsverhältnisse der Bauern in Süd-Shantung haben sich nicht entscheidend verändert seit Pater Freinademetz hier seiner Wege zog.

Für seine Vorfahren war der Missionar aus Südtirol mit der europäischen langen Nase ein »fremder Teufel«.

Die enorme wirtschaftliche Entwicklung Chinas scheint vor den Dörfern Halt gemacht zu haben

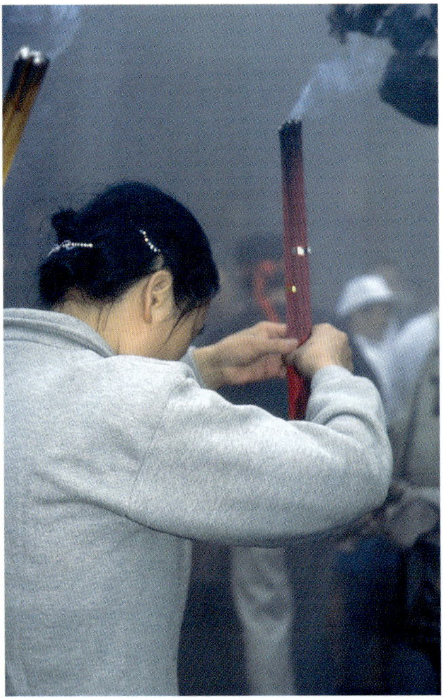

Auch fünfzig Jahre kommunistische Indoktrination konnten religiöse Bedürfnisse nicht ausmerzen.

Die chinesische Schrift ist eine Kunst, die auch in unseren Zeiten sehr geschätzt wird.

Hofeingänge werden im modernen China wie zu alten Zeiten pompös gestaltet und mit Glückssprüchen versehen.

In China gibt es heute aufgrund der äußerst strengen Geburtenkontrolle fast nur noch Einzelkinder

Der Drache gilt als sanftmütig und wohlwollend und ist im alten China das Symbol des Kaisers, der den Drachenthron innehält.

Arme, die gerade auf dem Weg zum gemeinsamen Morgengebet waren.

Freinademetz berichtete das Vorgefallene seinem Bischof. Der versuchte mit allen Mitteln, dem schuldigen Mandarin beizukommen. Bischof Anzer erreichte nichts. Das ermutigte die Gegner der Mission. Wenn man sogar einen fremden Teufel derart behandeln kann, ohne dafür Strafe gewärtigen zu müssen, so kann man erst recht gegen die einheimischen Christen vorgehen. Für die Mission bedeutete das einen Aderlass. Ganze Gemeinden fielen vom Christentum ab, anderen wurde alles weggenommen und die Häuser zerstört. Das schmerzte Fu Shenfu mehr als seine körperlichen Verletzungen.

Trotzdem änderte sich seine innere Haltung gegenüber den Chinesen nicht. Sobald er wiederhergestellt war, machte er sich auf den Weg und zog wieder von Gemeinde zu Gemeinde, wie er es gewohnt war. Von der ganzen Geschichte viel Aufhebens zu machen lag ihm nicht. Seinen Freunden und Bekannten in Europa gegenüber ließ er nichts verlauten. Er wusste, er hätte damit nur Stimmung gegen China gemacht, und das wollte er keinesfalls. Es dauerte fast ein Jahr, bis Steyl von der Misshandlung erfuhr. Erst jetzt, nach ausdrücklichem Auftrag durch Arnold Janssen, bequemte Fu Shenfu sich dazu, einen Bericht nach Steyl zu schicken. »Ihr gemessener Befehl drückt mir die Feder in die Hand, und ich soll die längst zum alten Eisen geworfene Affäre von Tsaohsien nochmals aus der Rumpelkammer ziehen ...«

Für Freinademetz selbst ging das Leben weiter, als wäre nichts geschehen. Seit April 1890 hatte er sogar einen Kaplan, den etwas jähzornigen Deutschen Pater Anton Volpert. Der hatte es mit ihm nicht ganz einfach: »Es war für mich ein großes Glück, den heiligmäßigen Mann als Oberen und Lehrmeister zu haben. Aber es war für mich auch ein Unglück. Konfuzius sagt einmal: ›Mit den Vollkommenen ist schwerer auszukommen als mit weniger Vollkommenen.‹ Ich war noch zu unvollkommen, und er stellte zu hohe Anforderungen an mich. Bei seiner großen Tugend hatte er den einen Fehler, den Chinesen gegenüber zu leichtgläubig zu sein. Der Chinese hat ein Sprichwort, das man gar nicht genug beachten kann: ›Nicht soll man es nicht glauben, nicht soll man es ganz glauben.‹ Aber Pater Freinademetz glaubte den Chinesen einfach alles.«

Vielen Missionaren kam seine persönliche Bedürfnislosigkeit übertrieben vor. Pater Volpert: »Als Wohnung war nur ein elendes Haus vorhanden, das zu zwei Drittel von den Dienern bewohnt war. Das eine Drittel war so eng, dass kaum zwei Stühle, ein Tisch und ein Bettschragen unterzubringen waren. Dies einzige Lokal trat Freinademetz mir ab; er selbst schlief zunächst in der Kapelle. Jetzt wohnt er in einem kleinen Häuschen, das zwei Mann an einem Tag aus Kaoliang-Stroh gebaut haben. Am zweiten Tag wurde es mit Lehm verschmiert, es sah aus wie ein Drosselnest. Am dritten Tag war es schon von Freinademetz bewohnt. Kein Fenster, nur ein Loch in der Wand; keine Tür, nur ein Strohgeflecht; gerade dass er halt aufrecht stehen konnte, ohne das Dach gleich abzuheben.«

Hoher Besuch

Im August 1890 ging Bischof Anzer erneut auf Europareise. Freinademetz wurde wieder zum Administrator von Süd-Shantung ernannt. Vor der Abreise hatte der Bischof noch eine folgenschwere Entscheidung getroffen. Seit drei Jahren hatte die deutsche Reichsregierung durch ihren Gesandten Martin von Brandt in Peking die Steyler Mission bedrängt, sich unter den

Schutz des Deutschen Reiches zu stellen. Bisher hatten die Missionare französische Schutzpässe.

Die deutsche Regierung unter Kaiser Wilhelm II. versuchte auf diesem Weg, Eingang nach China zu finden. Im Juni 1890 stimmte Bischof Anzer zu. Die Missionare von Süd-Shantung erhielten deutsche Pässe (auch der Österreicher Freinademetz) und standen damit unter dem Protektorat des Deutschen Reiches.

Für Jänner 1891 war hoher Besuch angekündigt. Erwin Freiherr von Seckendorff, der Konsul von Tientsin, sollte im Auftrag der deutschen Gesandtschaft die Provinz bereisen und die Interessen der Mission vor den örtlichen chinesischen Behörden vertreten. Bischof Anzer wollte schon lange in den Städten Yenchowfu und Tsining Fuß fassen. In Yenchowfu besaß die Mission zwar ein Domizil, es war aber zerstört und schließlich enteignet worden. Die Niederlassung in Tsining war von den Gegnern der Mission zugemauert worden. Anzer hoffte auf Vermittlung des deutschen Konsuls.

Freiherr von Seckendorff kannte die Gesetze des Fernen Ostens, er reiste mit großem Gepränge. Sein erster Besuch galt dem chinesischen Gouverneur der Provinzhauptstadt Tsinanfu. Der wollte ihn nicht empfangen. Er hatte offensichtlich keine Ahnung, wozu ein deutscher Freiherr preußischen Zuschnitts imstande war: Seckendorff warf sich in seine Galauniform, schwang sich aufs Pferd und ritt geradewegs zum Amtssitz des Gouverneurs, wo er zum Entsetzen der chinesischen Beamten mit seinen Leuten durch ein offen stehendes Seitentor in den Innenhof sprengte, seine Visitenkarte überbringen ließ und, zu Pferd sitzend, die Antwort abwartete.

Nach zehn Minuten wurde er vorgelassen, forderte aber noch, dass für ihn das Haupttor geöffnet werde. Die Verhandlungen waren hart, der Deutsche ließ nicht locker. Der Gouverneur musste, ob er wollte oder nicht, seinen untergebenen Beamten die schärfsten Weisungen erteilen, mit dem Konsul zu verhandeln und alle die Mission betreffenden Beschwerden zu regeln. Mit diesem Ergebnis machte sich von Seckendorff auf den Weg nach Yenchowfu.

Freinademetz war zu dieser Zeit im Süden Süd-Shantungs unterwegs. Durch Eilboten benachrichtigt, traf er mit dem deutschen Konsul vor Yenchowfu zusammen. Die Stadt und ihre Beamten standen unter dem Einfluss konfuzianischer Gelehrter, die die härtesten Gegner der christlichen Mission waren. Die Missionare hatten hier die schlimmsten Dinge erleiden müssen. »Wir waren voll Erwartung der Dinge, die da kommen würden«, berichtet Freinademetz.

Der Konsul trat auf, als habe er ein ganzes Heer hinter sich. Eigenhändig öffnete er das Stadttor, das ostentativ vor ihm geschlossen worden war. Ebenfalls geschlossen waren alle Gasthäuser. Seckendorff ließ durch seine Begleitung die Tür eines Gasthauses aufbrechen und nahm Quartier.

Nach einer Woche mühseligen Verhandelns mit den verschiedenen Beamten kam es in Yenchowfu zum offenen Aufstand. »Schlagt sie nieder, bringt sie um, die fremden Teufel«, schrie der von den Beamten aufgehetzte Pöbel. An die 10.000 Chinesen umlagerten das Gasthaus, in dem die Delegation zusammen mit den Missionaren wohnte. Als die ersten Steine über die Mauer flogen, zog Seckendorff seinen Revolver. Einem chinesischen Unterhändler, der vorgab, die Ausländer retten zu wollen, bedeutete der Konsul unmissverständlich: »Die ersten sechs erschieße ich. Dann werde ich bereit sein, mit der Fahne des Deutschen Reiches in der Hand für meinen Kaiser zu sterben. Ich bedaure nur, dass dem ganzen chinesischen Reich die Leichenfeier eines Konsuls des Deutschen Reiches teuer genug zu stehen kommen dürfte.«

Die chinesischen Behörden sahen ein, dass hier nichts zu machen war und bliesen den ganzen Aufstand ab. Freiherr von Seckendorff erreichte trotzdem herzlich wenig für die Mission. Pater Henle, der Freinademetz nach Yenchowfu begleitet hatte, schrieb an die Zimmerwand des Gasthauses in deutscher Sprache: »Wir gehen, aber wir kommen wieder.«

Konsul von Seckendorff besuchte noch die Zentrale Puoli, wo er mit großem Pomp empfangen wurde. »Die Station war reich geschmückt, zahlreiche Fahnen, darunter eine riesige deutsche Flagge, wehten vom Kirchdach und von den Häusern herab. Die Böller donnerten ihre Salven.«

Als er Puoli verließ, war er von den Missionaren sehr angetan: »Gegen ein Uhr nachmittags verließ ich den Ort mit den Gefühlen der Bewunderung, Dankbarkeit und Freundschaft für die herrlichen Menschen, welche so fern von aller westlichen Kultur und Zivilisation hier inmitten einer ihnen wenig freundlich gesinnten Bevölkerung ein zweites Heim gesucht und, wie ich mich durch den Augenschein überzeugt, gefunden haben«, berichtet er seinem Vorgesetzten Baron Martin von Brandt in Peking.

Insgesamt brachte der hohe Besuch der Mission wenig Vorteile. Süd-Shantung war weit vom Schuss. Die Missionare gerieten trotz ihrer deutschen Schutzpässe immer wieder in Lebensgefahr. Als Freinademetz im Süden der Mission zusammen mit zwei Mitbrüdern an Pfingsten 1891 ein kleines Kirchlein einweihen wollte, strömte eine riesige Volksmenge zusammen, schnell verbreiteten sich Gerüchte: Die Christen wollen Revolution machen; die Christen geben Theatervorstellungen usw.

Die Leute kamen zu Fuß, zu Pferd, mit Wagen. Es kamen Garküchen, Suppenverkäufer, Erdnuss- und Obsthändler. Die kleine Christengemeinde geriet in Angst. Auch Freinademetz begann bei dem Geschrei und dem Hin und Her der Menge unruhig zu werden. Besorgt verkürzte er den Ritus der Einweihung. Statt des geplanten Hochamtes hielt er eine stille Messe. Als die Menge draußen merkte, dass nichts Besonderes geschehen würde, ertönten bald Flüche und Verwünschungen. Die ersten Steine flogen in die Kirche. Da ergriff der schlaue Fu Shenfu mit seinen beiden Assistenten die Flucht nach vorn. Sie verließen die Kirche und gingen mitten durch die aufgeregte Menge ins freie Feld hinaus. Die Massen folgten den fremden Teufeln blindlings Schritt für Schritt, dabei wurde es immer stiller. Die Missionare griffen erneut zu einer List: sie trennten sich und teilten so auch die Menge in drei Gruppen. Jeder von ihnen begann zu predigen, so laut er konnte. Es wurde eine Katechese von rund zwei Stunden. Der Pöbel hörte ratlos zu und zerstreute sich schließlich. Die Missionare lachten sich ins Fäustchen: »So viele Zuhörer haben wir noch nie gehabt!«

Der Bericht über diese Ereignisse stand im Steyler Sankt Michaelskalender. Die übrige deutsche Presse nahm davon nicht Notiz. Als Konsul von Seckendorff in Yenchowfu bedroht worden war, überboten einander die Zeitungen in ihren Kommentaren. Hier in Shanhsien war kein Revolver gezückt worden, und es war kein Konsul dabei. Es handelte sich nur um Missionare ...

Elende Krämerseelen

Im Sommer 1891 wurde Bischof Anzer aus Europa zurückerwartet. Freinademetz hatte ihm immer wieder berichtet, aber kaum eine Antwort erhalten: »Aber, hochwürdigster Bischof, warum schreiben Sie uns auch nicht eine Zeile? Es tut uns allen recht Leid, nicht die mindeste Notiz von Euer Gnaden zu erhalten. Der eine oder andere kurze Brief würde auf uns recht aufmunternd wirken.« – Der Bischof entfremdete sich seinen

Missionaren immer mehr. Eine Entwicklung, die nicht nur Freinademetz, sondern auch Generalsuperior Arnold Janssen große Sorgen bereitete.

Der Administrator sah dem Ende seiner Amtszeit entgegen und verfasste seinen Jahresbericht, der durchwegs positiv ausfiel. Über keinen der Missionare fällte er ein negatives Urteil. Freinademetz war durch und durch Optimist, was die Entwicklung der Kirche in Süd-Shantung anging.

Im August 1891 war es soweit: Bischof Anzer kam aus Europa zurück. Bevor er nach Süd-Shantung fuhr, verhandelte er in Peking mit der deutschen Gesandtschaft, die ihrerseits bei den chinesischen Behörden vorstellig wurde. Anzer erreichte bei seinen Verhandlungen einen großen Erfolg: Der Eröffnung einer Missionsstation in Tsining, der größten Stadt seines Vikariates, stand nichts mehr im Weg.

Die nötigen Verhandlungen mit den ortsansässigen Behörden führte im Auftrag des Bischofs Josef Freinademetz: »Der kann am besten mit den Chinesen umgehen!« Der Südtiroler staunte nur noch, als er durch das Haupttor in die Handelsstadt am Kaiserkanal eintrat. Keinerlei Volksauflauf, keine Unruhe in den Straßen, hohe und niedere Beamte und Mandarine, alle äußerst höflich. Die Stadtverwaltung veröffentlichte sogar einen Erlass zugunsten der Mission. Freinademetz erwarb in der Nähe der Stadtmauer einen sehr geräumigen Besitz, der für die Belange der Mission voll ausreichte. Der Kaufvertrag wurde vor den zuständigen Behörden formell abgeschlossen und registriert. Weder bei den Beamten noch in der Bevölkerung zeigte sich der geringste Widerstand. Voller Begeisterung schrieb Freinademetz an den deutschen Gesandten in Peking: »Unsere Niederlassung in Tsining ist epochemachend für die katholische Mission von Süd-Shantung und sie allein würde ausreichen, den Namen Eurer Exzellenz mit goldenen Lettern in die Annalen von

Süd-Shantung einzutragen.« Wenn er schon einmal jemand lobte, dann tat er es überschwänglich. Von Seiten der Mitbrüder trug ihm dieser Stil Kritik ein: »Sie reden und schreiben in zu vielen Superlativen!«

Die Niederlassung bedeutete für die Missionare und Christen wirklich viel: »Schon allein der Ruf, dass wir in der Stadt unter den Augen der Mandarine missionieren, schlägt Hunderte von Vorurteilen nieder und gibt den armen Landleuten Mut, sich zum Christentum zu bekennen.«

Das Besitztum in Tsining war von einer hohen Mauer umgeben. Missionsbrüder adaptierten die Gebäude. Im Jänner 1892 hielten dreißig Katechistenschüler aus Puoli ihren Einzug. Am Dreikönigstag feierte die kleine Hausgemeinschaft zum ersten Mal einen größeren Gottesdienst in der zur Kapelle umgestalteten ehemaligen Schatzkammer des Hauses. Freinademetz predigte: »Möge über dem dunklen Chaos der Sünde und des Heidentums ein Stern der Erleuchtung aufgehen für die Hunderttausende, mit denen wir hier in dieser Stadt wohnen.«

Am nächsten Tag saß er schon wieder in seinem Wagen und fuhr Richtung Shanhsien, ein Weg von 15 bis 20 Stunden. Zwei Wochen später war er wieder in Tsining zurück.

Am 30. Jänner begann die Feier von Chinesisch Neujahr. Aus den umliegenden Stationen kamen die Missionare nach Tsining. Für Freinademetz brachte das Fest gesellschaftliche Verpflichtungen: Die Honoratioren der Stadt waren zu besuchen, die Gegenbesuche zu empfangen. Dieses Zeremoniell war Zeichen für die öffentliche Anerkennung der katholischen Mission. Besonders gesprächig zeigte sich der Polizeikommissar von Tsining. Er wollte dem Provikar partout beibringen, wie man am besten Steuern hinterziehen könne.

Ein paar Tage später ist Freinademetz wieder auf dem Weg nach dem Süden. Im Auftrag des Bischofs soll er das Gebiet um

Shanhsien visitieren. Erst nach zwei Monaten kehrt er nach Tsining zurück. Gerade zur rechten Zeit: Ende April 1892 bricht plötzlich eine Kampagne gegen die Mission in der Stadt los. An allen Ecken und Enden tauchen Hetzplakate auf. Die Missionare bringen in Erfahrung, dass am 4. Mai die Mission gestürmt werden soll. Anstifter sind konfuzianische Gelehrte. Sie streuen unters Volk, die fremden Teufel würden Kinder morden, Frauen rauben, Unzucht treiben und Ähnliches. Zum Glück steht der Mandarin auf der Seite der Mission und stellt eine Wache vor den Eingang der Niederlassung. Der 4. Mai verstreicht ohne größere Vorkommnisse.

Freinademetz versucht, in Tsining selbst Katechumenen zu sammeln. »In drei Vorstädten hatte es den Anschein, als wollte sich eine christliche Gemeinde konstituieren«, berichtete er dem Bischof. »Aber es war nichts als Strohfeuer. Bezeichnend, was ein Interessent mir persönlich sagte: ›Für einige Morgen Felder fahre ich gerne in die Hölle!‹ – Euer bischöfliche Gnaden, diesen Boden muss die Gnade noch gewaltig umackern, soll er neben Disteln und Brennnesseln auch noch etwas anderes tragen.«

Tsining liegt in der Nähe von Küfow, der Geburtsstadt von Konfuzius, wo auch sein Grab ist. Freinademetz sah darin den eigentlichen Grund missionarischer Unfruchtbarkeit. In seiner blumigen Sprache hört sich das so an: »Wie ein feuerspeiender Berg gerade in seiner nächsten Umgebung alles mit seinem Tod und Verderben bringenden Lavastrom überschüttet, so scheint der unselige Naturalismus des Konfuzius umso gründlicher jeden Keim einer höheren Idee und religiösen Begeisterung zu verdecken, je mehr man seiner Geburtsstätte näherrückt. Elende Krämerseelen sind das, die keine andere Sprache verstehen, für nichts Sinn und Begeisterung hegen als für den Mammon und den eigenen Bauch. Echte Maulwürfe sind sie, die in der Erde herumgraben und herumwühlen, die jeden Lichtstrahl hassen, weil sie die Wahrheit nicht lieben.« Das sind wieder einmal harte Worte. Hat er sich auch mit Leib und Seele den Chinesen verschrieben, für die andersartige Weltanschauung hat er nichts übrig. In dieser Beziehung bleibt er ganz Kind seiner Zeit.

Betrachtung, ein Zeitverlust?

Der Bischof hatte wieder eine neue Arbeit für seinen Provikar: Im August 1892 sollte in Puoli die erste Diözesan-Synode des Apostolischen Vikariates Süd-Shantung stattfinden. Anzer berief Freinademetz an die Spitze der Vorbereitungskommission.

Wie alles, was er anpackte, nahm Fu Shenfu auch diese Arbeit sehr genau. Wochenlang formulierte er seine Gedanken zu einer Reihe von Themen. Dabei kam er über rein praktische Dinge in der Mission, wie Winter- und Grundschulen usw. über den Missbrauch des Opiums zu den notwendigen Charaktereigenschaften eines Missionars. Unter der Rubrik »Der Klerus« forderte er: »Die chinesischen Priester sind nicht zweitrangig. Es darf nur eine einzige Rangordnung für alle Priester geben, für europäische und chinesische ohne Unterschied. Den chinesischen Priestern müssen alle kirchlichen Ämter und Würden offen stehen genauso wie den europäischen, ohne jeden Unterschied.«

Freinademetz fordert das zu einer Zeit, da an eine Verwirklichung solcher Ideen nicht zu denken ist. Es sollte noch Jahrzehnte dauern, bis Rom die ersten farbigen Bischöfe ernannte. Fu Shenfu bleibt seiner klaren Linie treu: Für ihn sind die Chinesen nicht zweitrangig.

Man möchte meinen, der Südtiroler sei vor lauter Reisen und Verhandeln nicht zur Ruhe gekommen. Aber ohne sich immer wieder auf seine religiösen Grundlagen zu besinnen, hätte er dieses Leben auch nicht ausgehalten: »Die Betrachtung ist ein Zeitverlust? Im Gegenteil, ohne Betrachtung ist das Leben verloren. Wähle dir einen Tag im Monat, den du für Gebet und Betrachtung freihältst. Es sind des Lebens schönste, nützlichste Tage.«

In einfachen, aber klaren Worten fordert er die Priester in seinem Synodenvorschlag auf, sich an der Heiligen Schrift zu orientieren. »Kein Tag vergehe, ohne dass du in der Heiligen Schrift betrachtest, die das Buch des Priesters genannt wird. Wehe dir, wenn die Quelle der Andacht in dir vertrocknet ist!« Auch hier kommt seine grundsätzliche Haltung zum Chinesen zum Durchbruch: »Dem Volk dieses Landes gegenüber hüte dich, an ihren Gebräuchen zu rütteln, sofern die nicht abergläubisch sind. Passe dich der Sitte des Landes nach Möglichkeit an. Was gibt es Unsinnigeres, als Frankreich, Deutschland, Italien in China einführen zu wollen. Nicht das, sondern den Glauben führt ein, der keines Volkes Brauchtum und Gewohnheiten verachtet oder verletzt, solange sie nicht schlecht sind, ja der sie geschätzt wissen will. Lobe, was lobenswert ist.«

Das sind Gedanken, die Jahrzehnte später das Zweite Vatikanum in ähnlicher Form formulieren wird! Überraschend auch, was er, der ein Gutteil seines Lebens auf Rädern, im Sattel und auf Schusters Rappen verbringt und sich mit der praktischen Missionsarbeit herumschlagen muss, über die Wissenschaft sagt. »Lass nicht nach«, so fordert er die Missionare auf, »deine Theologie zu studieren! ›Weil du die Wissenschaft verachtet hast, verachte ich dich‹, sagt die Heilige Schrift.«

Im Anschluss an die Diözesan-Synode findet in Puoli das Provinzkapitel statt: Die Steyler Missionare befassen sich mit der neuen Regel ihres Ordens und versuchen, ihre missionarische Lebensweise theologisch zu begründen.

Nach Tsining zurückgekehrt, bereist Fu Shenfu von neuem die Umgebung der großen Stadt auf der Suche nach Katechumenen. »Aber die Leute suchen nur finanzielle Vorteile. Vor der Erhabenheit der evangelischen Wahrheit verschwinden sie wie die stumpfsinnige Nachteule vor der aufgehenden Sonne!« – um aussagekräftige Bilder ist er selten verlegen!

Im Dezember 1892 schickt ihn der Bischof wieder einmal auf Visitationsreise. Diesmal ist die Gegend westlich und nördlich von Tsining dran.

Im Sommer 1893 ernennt ihn Anzer zum Leiter der Katechistenschule von Tsining, wieder ein völlig neues Gebiet für den jetzt 41-Jährigen. Mit ungebrochener Energie macht er sich an die neue Aufgabe. Dass er sich »nebenbei« auch immer wieder um die umliegenden Gemeinden bemüht, ist schon selbstverständlich.

Der ständige Kontakt mit den Ärmsten der Armen brachte ihm auch unliebsame Anhänger ein. »Fürchterlich! Nie mehr schlafe ich in seinem Bett!« Der Missionar, der sein Bett benützt hatte, schimpfte wie ein Rohrspatz und kratzte sich an allen möglichen und unmöglichen Körperpartien. Der Gast hatte sich in dieser Nacht die Bettgenossen Fu Shenfus eingehandelt – nichts anderes als ordinäre Flöhe! Freinademetz wurde zeitlebens von Flöhen geplagt, weil er immer wieder in den armseligsten Hütten übernachtete und dort derartiges Ungeziefer zu Hause war.

Die Saat geht auf

Gab es in den Gemeinden Streit, galt es, die Behörden zu beruhigen oder mit ihnen zu verhandeln: Jeder wandte sich an Fu Shenfu, er war ein überall gern gesehener Vermittler, aber auch ein zäher Verhandlungspartner. Er kannte die ganze Mission. Kaum eine Gemeinde, die er nicht wenigstens einmal besucht hätte. Dabei erlebt er immer wieder Beispiele christlichen Zeugnisses, die ihn alle Schwierigkeiten mit den Behörden, Gelehrten und Abgefallenen vergessen lassen. Die Saat geht auf. Ausführlich berichtet er in die Heimat:

»Ganze Bände müsste ich füllen, wollte ich die Drangsale und Prüfungen unserer geistigen Kinder beschreiben, ein wahres Jammerbild würde ich aufrollen, wollte ich den Schleier lüften, der all das Elend zudeckt ... Jede christliche Familie hat ihre Leidensgeschichte. Jede neu erstehende Christengemeinde ihre Sturm- und Drangperiode. Ein Beispiel: K'ung kuang chin aus Yüncheng ist zwar noch Taufschüler, hat aber schon viel Märtyrerblut vergossen. Als ein grundehrlicher Mann mit einem geraden Herzen bekannte er sich schon zum Christentum, als er noch kaum etwas davon gehört hatte. Das genügte, um das ganze Wespennest seines Heimatdorfes in Wut zu bringen. Nachdem man ihn zunächst jämmerlich geknebelt, riss man ihm sein Haus ein und wollte darangehen, ihn lebendig zu begraben. Gott sei Dank gelang ihm die Flucht. Sein Weib ist blind, sein ältester Sohn ein Krüppel, die anderen Kinder noch klein. Er selbst kann sich wegen der brutalen Schläge kaum noch rühren. Weinend stolpert die unglückliche Familie aus ihrem Dorf hinaus. Ohne Heimat, ohne Nahrung schleppen sie sich bis in den nächsten Distrikt. Als sie nach einem Jahr hören, dass in der Nähe ihrer Heimat sich eine Christengemeinde gebildet habe, kehren sie in ihr Dorf zurück. Da sie kein Haus mehr haben, machen sie von dem Recht Gebrauch, das jedem Bettler zusteht: sie schlafen in der Pagode. Doch in kürzester Zeit rottet sich eine Meute zusammen und misshandelt den armen K'ung von neuem. Als sein neunjähriger Sohn dem Vater helfen will, wird er so brutal behandelt, dass er zwei Tage nicht mehr zur Besinnung kommt. ›Betest du in Zukunft nicht mehr‹, sagten seine Schergen zu ihm, ›so geben wir dir Wohnung und Nahrung und es soll dir an nichts fehlen. Betest du aber weiter, so hast du das Recht verwirkt, aus dem Dorfbrunnen Wasser zu schöpfen.‹ – ›Und wenn ich verhungere und verdurste‹, entgegnet K'ung, ›ich werde nicht früher aufhören zu beten, als zu atmen.‹ Seine Peiniger zerschnitten ihm mit einem Messer das eine Knie und zertrümmerten das andere mit einem Kolben: ›Das Knien treiben wir dir schon aus‹, schrien sie.

Die nächsten zwanzig Tage hindurch kniet K'ung kuang chin in seinem Blut. Gerade beim Beten, sagt er, empfinde ich keinen Schmerz. Das trieb seine hasserfüllten Peiniger zur Weißglut. Sie zerstörten die Gräber seiner Vorahnen, das Schrecklichste, was man einem Chinesen antun kann. Als sie sahen, dass sie auch damit nichts ausrichteten, ließen sie ihn in Ruhe. Freilich nicht lange.

Unser Bischof wollte der Familie K'ung kuang chins eine besondere Ehre zuteil werden lassen und den Buben eigenhändig taufen. Das gab Anlass zu wilden Gerüchten. Die Heiden behaupteten, Kung hätte sein Kind den fremden Teufeln um 12.000 Sapeken verkauft; die Teufel hätten dem Kind bereits das Herz herausgeschnitten und damit eine Kirche gebaut. Verwandte kommen und wollen die vorgeschriebenen Totenriten für das unglückliche Kind feiern. Der ›unmenschliche‹ Vater wird von ihnen geschlagen, vor lauter Wut gebissen. Ein paar junge Burschen holen sich K'ung kuang chin, um ihm das Herz herauszuschneiden, oder vielmehr zu ›untersuchen‹, ob er überhaupt noch ein menschliches Herz im Leibe habe. Ich selber habe mit eigenen Augen den langen Einschnitt an der Herzgegend gesehen. Aber K'ung kann nichts mürbe machen. Die Heiden haben alle Mittel versucht und wissen sich keinen Rat mehr. Die einen halten ihn für einen Narren, für die anderen hat er den Verstand verloren; Gutgesinnte bemitleiden ihn, andere verachten ihn.«

Solche Beispiele gibt es in der jungen Mission viele. Für Freinademetz sind derlei Zeugen Ansporn, sich mit den letzten Kräften für seine Chinesen einzusetzen und für sie da zu sein. Gute vierzig Jahre ist er jetzt alt, körperlich ausgemergelt, aber nach wie vor ungebrochen. Er hat schon so viele Schwierigkeiten über sich ergehen lassen, schon so viel Niederschmetterndes und Erschütterndes durchgemacht, dass ihn kaum mehr etwas aus der Ruhe bringen kann. Die Ausgeglichenheit seines Gemüts beeindruckt die Chinesen, es entspricht dem ostasiatischen Weisheitsideal.

Wenn Mitbrüder aus irgendeinem Grund niedergeschlagen sind, besinnt er sich sogar seines heimatlichen Dialektes, wie seine meist norddeutschen Mitbrüder belustigt berichten: »Buam, ös müaschts lustig sein!«

Sich selbst verlangt er alles ab. Er macht aber nicht den Fehler, dasselbe auch von seinen Missionaren zu fordern. Er empfindet eher väterliche Gefühle für seine jungen Mitbrüder. Zu ihm kommen sie mit all ihrem Ärger, ihren Zweifeln und persönlichen Problemen. Freinademetz ist der gute Geist der Süd-Shantung-Mission, umso mehr, je größer die Schwierigkeiten mit dem eigentlichen Vorsteher der Provinz, mit Bischof Johann Baptist Anzer, werden.

Ich kann nicht anders

Immer massiver werden die Klagen über den Bischof. Die Missionare kommen der Reihe nach zu Freinademetz. Er als der älteste von ihnen müsse den Bischof zur Rede stellen. Er sei sein Stellvertreter und damit von Amts wegen dazu verpflichtet.

Bischof Johann Baptist war unbeherrscht, versetzte die Missionare willkürlich, seine Visitationen in den verschiedenen christlichen Gemeinden konnten ihm nicht pompös genug sein. Die Christen fürchteten ihn, die Missionare gingen ihm aus dem Weg.

Freinademetz geriet in einen schweren Gewissenskonflikt. Er hatte Angst vor einer neuerlichen Auseinandersetzung. Er zögerte, bis der Bischof selber zu ihm kam. Pater Vilsterman war nach Europa gefahren und hatte in Steyl über die Zustände ausführlich berichtet. Von dort wurde Anzer zur Stellungnahme aufgefordert. Der Bischof war wütend. Freinademetz solle gefälligst nach Steyl schreiben und die Vorwürfe entkräften und somit seinen Bischof verteidigen.

Anzer hatte von dem Südtiroler keine besonders hohe Meinung. Freinademetz war für ihn zu kleinlich, eine Krämerseele, unfähig zu wahren Entscheidungen.

Jetzt aber zeigte Freinademetz Rückgrat. »Das kann ich nicht. Ich müsste gegen meine Überzeugung handeln«, schreibt er dem Bischof. In aller Deutlichkeit bekräftigt er die Vorwürfe. Er wirft Anzer sein schlechtes Verhältnis zu seiner Mission – »ich sage zur ganzen Mission« – vor. Freinademetz nimmt kein Blatt vor den Mund: »In der Tiefe meines Herzens bedaure ich, wenn ich unseren hochverdienten Oberhirten wegen des zu vielen Trinkens seiner Zunge und seiner Schritte nicht mehr mächtig herumwackeln sehen muss oder wenn ich höre, wie Christen und Katechisten über derartige Szenen reden. Das sagen zu müssen, kommt mir hart genug an, und ich weine, während ich diese Sätze niederschreibe.«

Immer wieder betont er, dass es ihm um das Wohl der Mission gehe und keineswegs um irgendeine persönliche Abrechnung: »Hochwürdigste bischöfliche Gnaden. Ich habe hiermit offen geschrieben, was ich viele Jahre in mich hineingefressen habe. Ich will Sie nicht beleidigen. Aber in einer so folgenschweren Angelegenheit kann ich nicht mehr länger schweigen. Zwei Versuche abgerechnet habe ich bereits fünfzehn Jahre lang geschwiegen und zu allem gute Miene gemacht und gerade dadurch in Süd-Shantung viel mitverschuldet.«

Am 26. Februar 1894 schickt der Provikar den Brief nach Puoli ab. Am selben Tag beginnt er eine Novene und betet täglich den Kreuzweg für seinen Bischof.

Anzer reagiert unbeherrscht. Er ist sich bewusst, dass er sein Amt niederlegen muss, wenn diese Vorwürfe an die Öffentlichkeit dringen. Er weiß, dass sein Provikar im Recht ist. Also verbietet er Freinademetz kraft des Gelübdes des Gehorsams, über seinen Bischof zu sprechen und entlässt sofort und ohne Begründung die unter Freinademetz arbeitenden Katechisten. »Alle Freunde des Fu Shenfu werden entlassen«, poltert er in Puoli.

Josef Freinademetz wird von seinem Bischof strafversetzt, von Tsining, dem neuen Mittelpunkt der Mission, wird er in den äußersten Osten, nach Wangchuang geschickt, wo er zu Beginn seines Wirkens schon herumgewandert war.

Ein paar Wochen später kommt es zur Versöhnung: »Seine bischöflichen Gnaden gestanden mir gestern ehrlich ein, viel gefehlt zu haben. Zu meiner größten Beschämung bat er mich auf den Knien um Verzeihung für gegebene Ärgernisse und verspricht hoch und heilig, sich bessern zu wollen.«

Durch eine Indiskretion erfährt geraume Zeit später die Propaganda-Kongregation in Rom von den Vorwürfen gegen den Bischof. Kardinalpräfekt Ledochowski erteilt Bischof Anzer eine ernste Mahnung und fordert ihn dringend zur Änderung seiner Lebensführung auf. Dem Bischof fährt der Schreck in die Glieder. Ohne zu zögern, nimmt er die Vierzig-Wegstunden-Strecke zu Freinademetz auf sich und bittet ihn, ihn gegen die Anklagen in

Rom in Schutz zu nehmen. Freinademetz ist nicht weniger erschrocken. Weder die Missionare in Süd-Shantung noch die Generalleitung in Steyl haben eine derartige Entwicklung gewünscht. Persönlich schreibt der Provikar an Kardinalpräfekt Ledochowski und betont, dass der Bischof sich gewandelt habe. »Um nur eines zu sagen: Der hochwürdigste Herr Bischof nimmt auch an den höchsten Festtagen nicht einen einzigen Tropfen Wein zu sich, obwohl alle anwesenden Missionare bei einer solchen Gelegenheit Wein trinken. Das ist nicht das einzige Beispiel heroischer Stärke, über das wir seit fast einem Jahr staunen.«

Bischof Anzer war gewarnt. Er wusste, die weitere Entwicklung hing von ihm selbst ab. Innerlich lehnte er den Südtiroler nach wie vor ab. Einer Seherin in Böhmen schrieb er: »Wäre Herr Freinademetz ein festerer Mann und nicht eine so weiche Seele, wäre er nur einmal fest aufgetreten und hätte er so seine Pflicht als Provikar erfüllt, wäre alles verhindert worden. Er ist ja ein sehr guter, frommer und eifriger Herr, aber er ist nicht selbständig genug, durchschaut die Dinge zu wenig.«

Im September 1895 hieß es für Freinademetz wieder Abschied nehmen vom Osten Süd-Shantungs. Der Bischof hatte ihm eine – wieder völlig neue – Aufgabe übertragen: die Leitung des neu eingerichteten Priesterseminars in Tsining. Die Vorlesungen für seine neun Seminaristen musste er allein bestreiten. Kaum hatte er sich eingearbeitet, unterbrach ein Schreiben Arnold Janssens seine Lehrtätigkeit:

»Geehrtester Herr Freinademetz! Teuerster Mitbruder! Ich fühle mich veranlasst, folgenden Auftrag Ihnen zugehen zu lassen. Vielleicht ist Ihnen bekannt, dass unter den Mitbrüdern der eine oder andere ist, welcher Schwierigkeiten hat. Dieser Zustand veranlasst mich, Sie als meinen Stellvertreter an jeden einzelnen der Mitbrüder zu senden, mit dem Auftrag an alle, dass sie bei dieser Gelegenheit zu Ihnen kommen. Dabei ermahne ich alle, sich offen darüber auszusprechen, ob sie zufrieden sind, und wenn nicht, welches der Grund ihrer Beschwerden ist. Sie aber werden suchen, dieselben in gutem Geist und in der treuen Beobachtung der Regel zu bestärken und ihnen, soweit Sie können, zum Rat und Trost zu sein.«

Das bedeutete, wieder wochen-, wenn nicht monatelang durch das Land zu ziehen, sich von den Missionaren auf den einsamen Posten Sorgen und Schwierigkeiten aufladen zu lassen und die Mitbrüder neu zu motivieren. Dabei wusste er sich vom Argwohn des Bischofs verfolgt.

Kaum hatte er diese Visitation hinter sich gebracht und den Bericht nach Steyl geschickt, wartete die nächste Verantwortung auf ihn: Bischof Anzer, der ja zugleich Provinzial der Ordensgemeinschaft war, musste zum Generalkapitel nach Steyl reisen. Josef Freinademetz übernahm zum dritten Mal das Amt des Administrators von Süd-Shantung.

Blut und Politik

»Fu Shenfu! Fu Shenfu!« So aufgeregt hat noch selten ein Chinese an seiner Tür getrommelt. Fu Shenfu sitzt gerade mitten in den Vorbereitungen für einen neuen Katechistenkurs in Tsining. »Fu Shenfu! Zwei Shenfus sind ermordet worden!« Das reißt ihn aus all seinen Gedanken. »Shenfu Nies und Shenfu Henle sind heute Nacht in Li chia chuang umgebracht worden!« – Um Gottes willen: Zwei junge Missionare sind tot. Und gerade jetzt ist der Bischof in Europa. Freinademetz fragt nicht lange. Noch am selben Abend trifft er in Li chia chuang im Kreis Küyeh ein. Die beiden Mitbrüder sind bestialisch zugerichtet, sie sind regelrecht abgeschlachtet worden. Erschüttert steht der Administrator vor den Särgen.

»Dabei waren wir gestern Abend noch so lustig«, berichtet ihm Pater Stenz, der nur durch Zufall dem Massaker entkommen ist. »Wir haben Volkslieder miteinander gesungen. Es war ein richtig schöner, lustiger Abend. Zum Schluss haben wir noch das Requiem für heute eingeübt.« – Es war der Vorabend von Allerseelen. Die beiden Ermordeten haben sich ihr eigenes Requiem gesungen ...

»Es ging alles so schnell«, berichtet Pater Stenz weiter. »Wir waren gegen zehn Uhr ins Bett gegangen. Da hörte ich plötzlich Schüsse, grölende Männerstimmen und zersplitterndes Holz. Als ich mich nach vier, fünf Minuten herauswagte, fand ich Nies und Henle in ihrem Blut liegen. Ich habe sicher nur überlebt, weil ich im Zimmer des Pförtners geschlafen habe.«

Freinademetz ist niedergeschlagen. Zwei junge Missionare sind tot. Wofür? Er zwingt sich zu den notwendigen Schritten. Mit knappen Worten ordnet er eine sorgfältige Bestandsaufnahme an, organisiert die Beerdigung, wird beim Mandarin in Küyeh vorstellig und telegrafiert nach Steyl und an den deutschen Gesandten in Peking. Am 4. November 1897 liest Arnold Janssen dem soeben zusammengekommenen Generalkapitel in Steyl die Depesche vor: »Nies, Henle ermordet.«

Am 6. November wird Kaiser Wilhelm II. in seinem Berliner Palais die Nachricht überbracht. Für den Monarchen ist das eine willkommene Möglichkeit, einen langgehegten Plan auszuführen: Seit Jahren sucht das Deutsche Reich für seine Flotte einen Stützpunkt an einem günstig gelegenen Küstenplatz des großen, aber schwachen chinesischen Reiches. England, Frankreich und Russland haben solche Stützpunkte schon seit langem. Die Deutschen hatten sogar schon den Platz ausgesucht: die große Kiaochow-Bucht mit der Stadt Tsingtao an der Küste der Provinz Shantung. Die deutsche Wirtschaft sah dort neue Möglichkeiten. Schon vor zwei Jahren hatte man den Plan erwogen, Kiaochow zu besetzen. Jetzt hat man auch einen moralischen Grund: Schutz der Missionare in Süd-Shantung, deren Protektorat das Deutsche Reich 1890 übernommen hatte.

Wilhelm II. fackelte nicht lange. Noch am selben Tag, an dem er die Depesche erhielt, genau um 15 Uhr, gab er Befehl, das Kreuzergeschwader in Shanghai solle Kiaochow besetzen. Am Sonntagmorgen, 14. November 1897, landeten die ersten Truppen in der Bucht, ohne auf Widerstand zu stoßen.

Die Okkupation wurde am 4. Jänner 1898 durch Notenaustausch zwischen dem deutschen Gesandten und den chinesischen Behörden besiegelt. Durch einen Pachtvertrag auf 99 Jahre sicherte sich die deutsche Regierung nicht nur das kleine eigentliche Pachtgebiet, sondern auch die bedeutend größere Interessenssphäre, den Eisenbahnbau von Kiaochow nach Tsinanfu und nach Ichowfu und schließlich die Ausbeutung der in diesem Gebiet liegenden Kohlenfelder. Praktisch war ganz Shantung als neuer deutscher Wirtschaftsraum in Aussicht genommen. Am 8. Februar 1898 wurde dem Reichstag in Berlin ein Vertragsentwurf mitgeteilt. Der Vertrag selber wurde am 6. März 1898 unterzeichnet.

Diejenigen, um derentwillen angeblich das alles in Bewegung gesetzt wurde, hatten davon keine Ahnung. Woher sollte man im fernen Süd-Shantung auch wissen, dass die beiden Telegramme des Administrators solche Folgen nach sich ziehen würden?

Freinademetz und seinen Missionaren ging es darum, die Ursachen des Mordes aufzudecken. Sie vermuteten die örtlichen Behörden hinter dem Komplott. Ausführliche Berichte und Analysen der Situation ergingen nach Steyl und vor allem an die deutsche Gesandtschaft in Peking.

Am 17. November wurden in Süd-Shantung die ersten beiden Blutopfer der Steyler Gemeinschaft zu Grabe getragen.

»Pater Freinademetz, Sie müssen zur deutschen Gesandtschaft nach Peking reisen.« Die zwanzig Missionare, die zur Beerdigung gekommen waren, ließen nicht locker.

Der Administrator machte sich auf den Weg. Am ersten Adventsonntag, dem 28. November 1887, traf er in der Provinzhauptstadt von Shantung, Tsinanfu, ein. Hier erfuhr er, was er bisher gerüchteweise gehört, aber nicht geglaubt hatte: Kiaochow ist tatsächlich von den Deutschen besetzt.

Am nächsten Tag ging die Reise weiter nach Peking. Zwei Wochen verhandelte er mit der deutschen Gesandtschaft, die ihrerseits bei der chinesischen Regierung vorstellig wurde. Die deutsche Reichsregierung hatte einen Forderungskatalog von sechs Punkten erstellt, von denen weder Freinademetz noch Anzer, der mittlerweile von Steyl nach Berlin gefahren war, etwas wussten. Für die Mission war darin die Forderung nach Absetzung der chinesischen Lokalbehörden und eine finanzielle Wiedergutmachung von Bedeutung. Anzer half von Berlin aus nach: Er wünschte als Sühneleistung drei große Kirchen für sein Vikariat. Freinademetz war anderer Meinung: »Was nützen uns drei große Kirchen? Für dasselbe Geld können wir eine ganze Reihe kleinerer Kapellen errichten.« – Der Bischof dachte an das Renommee seiner Diözese, der Administrator an die Bedürfnisse der Gemeinden.

Die Deutschen planten in der Bucht von Kiaochow eine neue Stadt. Freinademetz hörte davon und meinte, es sei auf jeden Fall nützlich, der Mission Grund und Boden zu sichern. Man könne dort ja Mietshäuser bauen und so der Mission eine dauerhafte Einnahmequelle sichern. Im Februar 1898 machte sich der Administrator mit zwei Missionaren auf den Weg nach Kiaochow.

Mitten im Besatzungsgebiet trafen sie auf den ersten Trupp deutscher Soldaten. Denen blieb zunächst einmal die sprichwörtliche Spucke weg: Da kletterten aus den komischen chinesischen Kastenwagen drei »reinrassige Chinesen« heraus und redeten sie in perfektem Deutsch an! – Einen Europäer mit langem Zopf hatten sie denn doch noch nicht gesehen. Besonders beeindruckt waren die Deutschen von Freinademetz. Der Journalist Hauptmann Dannhauer beschreibt ihn ausführlich: »Seiner an und für sich reckenhaften, ehedem wohl echten Tiroler Kerngestalt sind die zahlreichen Leiden und Entbehrungen anzusehen, die er in den neunzehn Jahren ununterbrochener Ausübung seines schweren Missionsamtes im Innern Chinas durchzumachen hatte. Doch, trägt er auch den Nacken gebeugt, sind auch Gesicht und Wangen schmal, bleich und abgemagert und seine Augen tief in die Höhlen gesunken: Gerade aus diesen Augen, so freundlich und milde sie für gewöhnlich blicken, funkelt uns Begeisterung und unbeugsame Energie entgegen, sobald er beim Erzählen seinen Beruf berührt.«

Die Offiziere luden Freinademetz ein, am Sonntag im Lager eine Feldmesse zu halten. Der Lagerkommandant, Hauptmann von Oppeln-Bronikowski, und der Kommandeur des Marine-Infanterie-Bataillons, Major von Lossow, taten alles, um die Feier würdig zu gestalten.

Der Sonntagmorgen hätte nicht schöner sein können. Dreihundert Soldaten des Marine-Infanterie-Bataillons in Galauniform – Katholiken und Protestanten – fanden sich ein. In der Mitte die Militärkapelle. Vorn das gesamte Offizierkorps mit Kommandeur von Lossow an der Spitze. Freinademetz trug ein dunkelrotes, goldverbrämtes Messgewand. Die übrigen Missionare Chorrock und Stola. Hauptmann Dannhauer fand vor allem die Kopfbedeckung der drei Priester interessant: »Sie glich einer hohen, steilen, viereckigen Mütze mit vier am Mützenboden angebrachten leicht beweglichen, steilen Seitenklappen aus reich gemusterter, chinesischer Seide, die bei der geringsten Kopfbewegung ihrer Träger auf- und niederklappten. Die langen chinesischen Zöpfe aber waren verschwunden. Sie trugen sie jetzt vom Chorhemd bedeckt oder hatten sie unter der Kopfbedeckung verborgen.«

Die Predigt überließ der Tiroler lieber einem deutschen Mitbruder. Der sprach dann auch entsprechend patriotisch. Nach der Predigt spielte die Kapelle einen feierlichen Choral. Freinademetz trat an den Altar und zelebrierte die Messe. Zwei Soldaten ministrierten ihm. Die Szene war großartig. Auf drei Seiten hoch anstrebende Bergkuppen mit zerklüfteten Felspartien. Auf der offenen Seite das weite, unendliche Meer und im Hintergrund die malerische Bucht. Das Ganze in prächtigen Sonnenglanz eingetaucht. Den Zelebranten beeindruckte vor allem die Musik: »Die Kapelle spielte ihre frommen Lieder mit einem Ausdruck und einer Präzision, wie wir es seit Jahrzehnten nicht mehr gehört haben.« Beim Ite missa est hatte er Schwierigkeiten: Er weinte vor Rührung. Seit er in China war – und das waren jetzt neunzehn Jahre – hatte er kein einziges Mal in einer derartigen feierlichen Form öffentlich zelebrieren können. Als zum Schluss die Kapelle auch noch »Großer Gott, wir loben dich« anstimmte und alle mitsangen, war es mit seiner Beherrschung endgültig vorbei. Das rührte auch die hartgesottensten Soldaten. »Dem rollten Tränentropfen die bleichen gefurchten Wangen herab«, schrieb ein deutscher Soldat nach Hause.

»Eines möchte ich noch erwähnen, weil es mir von höchst weit tragender Bedeutung scheint«, fasste Freinademetz selbst seine ersten Eindrücke zusammen: »Sonst gehört es ja zum guten Ton, über China und Chinesisches zu schimpfen und die Chinesen selbst als minderwertige Menschen zu betrachten und zu behandeln. In Tsingtao aber habe ich erfahren, dass man bei unseren deutschen Kriegern diesem Grundsatz nicht huldigt. Es ist den Soldaten strengstens verboten, einen Chinesen zu schlagen. Man will die Chinesen nicht als Sklaven behandeln, sondern ihnen ihre vollen Rechte zuteil werden lassen.« Das tat seiner Seele wohl. Leute, die für die Chinesen etwas übrig hatten, waren ihm immer schon sympathisch gewesen.

Die Großen Messer

Das Deutsche Reich hatte erreicht, was es wollte. Die Bucht von Kiaochow war fest in der Hand der deutschen Truppen.

Von Kiaochow nach Süd-Shantung war es freilich weit, von der Pekinger Regierung bis zum Dorfmandarin nicht weniger weit. Die Mörder der deutschen Missionare liefen nach wie vor frei herum. Die chinesischen Behörden ergriffen willkürlich ein paar Leute und folterten sie, bis sie gestanden, die Mörder zu sein.

»Da stecken die ›Großen Messer‹ dahinter und sonst niemand«, behauptete Freinademetz. Die »Großen Messer« waren Geheimbünde, die in dieser Zeit in China den Fremdenhass schürten und ganze Gegenden terrorisierten, bevor sie um die Jahrhundertwende zum offenen Aufstand gegen die europäischen Kolonialmächte aufforderten.

»Die Sekte der ›Großen Messer‹ gibt es in Shantung nicht!« Das war der Standpunkt der chinesischen Behörden. Da konnten die fremden Teufel aus Europa behaupten und argumentieren, was sie wollten, »bei uns gibt es keine ›Großen Messer‹, so gehörten auch die Mörder der deutschen Missionare nicht dieser Sekte an!«

»Große Gefahr seitens Messergesellschaft. Beamte untätig. Missionar Dewes gestern in Tsaohsien von 80 Mitgliedern der Messergesellschaft verfolgt. Knapp dem Tod entronnen. Zwei Gefangene bekennen, dass die Ermordung des Missionars geplant war. Unterpräfekt willig, aber ohne Mittel.« Wieder und wieder musste der Administrator derartige Depeschen nach Peking an die deutsche Gesandtschaft schicken.

Die Lage änderte sich trotz massiver Proteste der deutschen Reichsregierung nur allmählich. Zwei deutsche Journalisten, die in dieser Zeit Süd-Shantung bereisten, waren von den Missionaren zutiefst beeindruckt. So von Hesse-Wartegg, Generalkonsul und Reiseschriftsteller: »Pater Freinademetz ist seit Jahrzehnten in China tätig; er erfreut sich bei hoch und niedrig des gleichen Ansehens und hat großen Einfluss bei den Mandarinen. Dazu ist er einer der besten Kenner der chinesischen Sprache und Literatur.«

Welt- und Forschungsreisender Eugen Wolf: »Vor den deutsch-katholischen Missionaren in Shantung ziehe ich als Protestant den Hut bis tief zur Erde ab. Alle Achtung! Das sind deutsche Männer, und sie verdienen nicht nur die Unterstützung der deutschen Regierung, die sie selber so tatkräftig verlangt und erreicht haben, sondern auch die der Katholiken Deutschlands und der Welt; und nicht bloß der Katholiken, sondern aller anständigen und edel gesinnten Deutschen ohne Unterschied der Konfession, die gewillt sind, diesen Missionaren zu helfen, all das Elend, all die Not, die Schmach und Pein zu lindern, die sich in diesen Teilen Shantungs unter ihren Augen abspielen; eine Tätigkeit, die eine große Entsagung verlangt; eine Tätigkeit, der sie jede Stunde bis an ihr Ende widmen.«

Täglich dreimal Lebertran

»Ein halbes Jahr gebe ich Ihnen noch, Father. Mehr ist nicht mehr drin!« Der irische Arzt in Chinkiang am Yangtsekiang schenkte Freinademetz ohne Umschweife reinen Wein ein, als der abgemagerte Südtiroler sich von ihm untersuchen ließ. Dr. Zedelius in Shanghai hingegen sah noch Hoffnung: »Ruhe, Erholung und gute Pflege; dazu pro Tag dreimal Lebertran und die Stimme möglichst schonen!«

Fu Shenfu war krank, er spuckte Blut und konnte kaum noch reden. Kehlkopf und Lunge waren arg mitgenommen. Im Herbst 1898 schickte der Bischof seinen Provikar zur Kur nach Japan. Zwanzig Jahre hatte Freinademetz sich abgerackert, jetzt auf einmal sollte er nichts tun. Er langweilte sich: »Ich vegetiere bekanntlich seit Tagen im Lande, wo die Sonne aufgeht, und pflege meinen lieben Benjamin, den Bruder Esel. Eine edle Beschäftigung für einen Apostel und Missionar, nicht wahr?«

Im August 1898, nach einem knappen Monat, war Fu Shenfu wieder zurück in China. Richtig erholt war er nicht. Der Arzt hatte TBC im linken Lungenflügel festgestellt. Schmerzen verspürte Freinademetz keine mehr, das Predigen aber war ihm vorläufig untersagt.

Auf ein neues Aufgabengebiet brauchte er nicht lange zu warten: Aus Rom war die Nachricht eingetroffen, dass das deutsche Schutzgebiet Tsingtao und die deutsche Interessenssphäre dem Apostolischen Vikariat Süd-Shantung angegliedert werde. Anzer wusste sich keinen Besseren als den Provikar für die missionarische Erschließung dieses großen Gebietes.

Freinademetz machte sich mit gemischten Gefühlen auf die Reise: »Ich fürchte sehr, dass es Schwierigkeiten geben wird. Einerseits wollen die Protestanten dort Fuß fassen, andererseits laufen wir Gefahr, durch das Beispiel der dort aus aller Herren Länder zusammenströmenden Europäer all unsere Tätigkeit untergraben zu sehen. Dass die europäischen Christen durch ihr schlechtes Beispiel doch immer die größten Feinde des Christentums sein müssen!« Beinahe wäre jetzt ihm der »fremde Teufel« herausgerutscht.

Dabei sah er die Notwendigkeit seiner Aufgabe: »Die Frage ist jetzt, ob die zahlreichste Nation der Menschheit für die Kirche gewonnen werden kann oder ob sie dem Indifferentismus, dem modernen Heidentum und damit dem ewigen Verderben anheim fällt. Wehe unserem armen China, wenn es das Los seines Nachbarstaates Japan teilen soll, das jetzt ganz in den Armen des religiösen Indifferentismus gefangen liegt. Nichts wäre von so weit tragender Bedeutung wie gerade die Bekehrung Chinas. Hier lebt der dritte Teil der Menschheit. China wird in nicht zu ferner Zukunft die ganze Welt überschwemmen und damit Segen oder Fluch in die Völkerfamilien der Erde hineintragen, je nachdem es selbst sich zum Christentum bekennt oder nicht.« – Das schrieb er ein halbes Jahrhundert bevor Mao Tse-tung das alte Reich der Mitte in die Volksrepublik China umwandelte!

Der Versuch, in dem neuen Gebiet im Osten die Mission grundzulegen, schlug fehl. Alles, was Freinademetz im Voraus befürchtet hatte, traf in erhöhtem Maß ein.

Er war noch nicht zwei Wochen in Tsingtao, als Pater Stenz, der mit ihm aus Süd-Shantung gekommen war, von einem aufgehetzten Pöbel in Jihchao drei Tage lang fürchterlich misshandelt wurde. Ein derartiges Martyrium hatte noch kein Mitglied der Steyler Gemeinschaft ertragen müssen: »Bart und Zopf brutal ausgerissen, Arme, Beine, ja der ganze Körper eine blutige Masse.«

Freinademetz mietete einen deutschen Kohlendampfer und brachte den Halbtoten nach Tsingtao.

Bischof Anzer forderte eine militärische Strafexpedition. Die Deutschen hatten damit ein moralisches Alibi, ihre Macht zu demonstrieren. Mit ausdrücklicher Genehmigung Kaiser Wilhelm II. stellte ein Kontingent von hundert Soldaten die Ruhe in Jihchao wieder her. »Dabei haben wir uns weniger der Mission als der wirtschaftlichen Interessen wegen zu dieser Expedition entschlossen«, gab der deutsche Gouverneur freimütig zu.

Die chinesischen Behörden mussten das mit ohnmächtiger Wut über sich ergehen lassen. »Ich bin überzeugt, dass jeder einzelne der 80.000 bis 100.000 Chinesen im deutschen Schutzgebiet keinen anderen Herzenswunsch hat, als die fremden Teufel aus Tsingtao wieder hinauszujagen.« So Freinademetz. Zu den fremden Teufeln aber gehörten auch die Missionare und ihre Anhänger unter den Chinesen, die Christen. »Die Zustände spotten jeder Beschreibung. Seit zwanzig Jahren ist es nicht so schlimm gewesen. Das Leben der Missionare ist bedroht. Die chinesischen Christen werden aus ihrem Besitz vertrieben und umgebracht. Die Mandarine verhalten sich passiv.« In einer solchen Stimmung und Situation war eine Missionierung völlig unmöglich. Dazu trug noch bei, »dass das Benehmen vieler Ausländer nur dazu angetan ist, uns in den Augen der chinesischen Bevölkerung noch verächtlicher zu machen. Die militärische, zivile und amtliche Vertretung der christlichen Mächte, die die Besetzung vollzogen haben, lebt nicht christlich!« Die Missionare hielten mit dieser ihrer Meinung vor den deutschen Besatzungsbehörden nicht hinter dem Berg. Das brachte ihnen auch von dieser Seite erhebliche Schwierigkeiten ein. Zu Hause im Deutschen Reich erschienen jetzt Artikel in der Presse, in denen die Missionare schlecht wegkamen.

Freinademetz hatte ein knappes Jahr bitterster Enttäuschungen hinter sich, als er sich auf den Weg zurück nach Süd-Shantung machte, zu den jährlichen Exerzitien in Tsining mit seinen Mitbrüdern. Dort lag ein Brief Arnold Janssens für ihn bereit mit einem Angebot, das er ein paar Jahre früher von Herzen gerne angenommen hätte, jetzt aber ablehnte: Steyl rüstete sich zur Feier des 25-jährigen Gründungsjubiläums. Freinademetz war eingeladen. »Was soll ich jetzt in Europa? Soll lieber ein anderer fahren, dem das wirklich Freude macht.« Er fühlte, er hatte sich seiner europäischen Heimat schon zu sehr entfremdet. Volle zwanzig Jahre war er jetzt von zu Hause weg. Seine Eltern waren tot, sein Herz hing an China. Er brachte es nicht über sich, auch nur für ein paar Monate von seinen Chinesen getrennt zu sein.

Außerdem musste er wieder einmal den Bischof vertreten. Anzer hegte Reisepläne, er wollte unter anderem in Berlin die Schwierigkeiten mit der Besatzung in Tsingtao klären. In der letzten Dezemberwoche 1899 verabschiedete sich der Bischof. »Also der hochwürdigste Herr hat die vierte Romreise angetreten! War ihm, schien's, schwer zu Herzen beim Abschied und offen gestanden auch mir. Die Aufgabe, die seiner in Europa wartet, ist sicher nicht leicht, und wir haben wohl allen Grund, ihm Geduld, Mut und Erleuchtung zu erflehen«, schrieb Josef Freinademetz. Der Mission stand das schwerste Jahr bevor. Und wieder war Fu Shenfu verantwortlich, der sich einer solchen Stellung nicht gewachsen fühlte.

Seinen Sitz hatte der Administrator in Tsining. Anzer hatte durchblicken lassen, dass es schön wäre, wenn Freinademetz in seiner Abwesenheit die große neue Kirche innen ausstatten würde. Der Südtiroler wurde erfinderisch. Er besann sich seiner österreichischen Staatsangehörigkeit. »Hoch, Franz Joseph, unser Kaiser!« Das hatte er am 18. August, dem Geburtstag von Kaiser Franz Joseph, dem österreichischen Konsul in Shanghai telegrafiert. Er glaubte damit, das Terrain genügend vorbereitet zu haben, um jetzt mit einer Bitte kommen zu können: »Ich habe heute einen Brief an den Kaiser von Österreich geschrieben; er soll uns die Kirchenfenster für Tsining schenken, der gute Franzl!« Ungeniert hatte er gleich die Maße für die Fenster beigefügt. Der Patriotismus des Bittstellers war größer als das Wohlwollen des Konsuls. Die Geldspende blieb aus. Daraufhin flatterten die Ausmaße der gewünschten Fenster auf Arnold Janssens Schreibtisch. Bei ihm fand er Gehör, der Generalsuperior spendierte dem großen Chinamissionar seine gewünschten Fenster.

Freinademetz hatte immer noch Schwierigkeiten mit seinem Kehlkopf. Er kümmerte sich jetzt mehr um die Verwaltung. So ließ er unter anderem ein Generalkatasterbuch anlegen, das sämtlichen Grundbesitz der Mission in den einzelnen Gebieten festhielt.

Äußerst behutsam ging er in Personalfragen vor. Gerade das empfanden die Missionare wohltuend im Gegensatz zur willkürlichen Versetzungspolitik Bischof Anzers. Der verhältnismäßig hohe Personalaufwand für Tsingtao passte dem Administrator nicht. Die persönlichen Erfahrungen und Enttäuschungen in diesem Gebiet beeinflussten ihn bei diesem Urteil. Viel Zeit kosteten ihn die Verhandlungen mit den Behörden, sowohl mit den chinesischen als auch mit den deutschen.

Im Westen Süd-Shantungs hatten die »Großen Messer« im letzten halben Jahr furchtbar gewütet, Missionseinrichtungen zerstört, Christen misshandelt und beraubt. Die chinesischen Behörden waren zwar bereit, der Mission Schadenersatz zu leisten, nicht aber den Christen. In dieser Beziehung stieß Freinademetz auch beim deutschen Gesandten auf Granit. »Der tut so, als ob er nichts sieht und nichts hört. Ein feiner Schutz ist mir das! Die armen Christen sind am Verzweifeln und kein Mensch kann helfen. Kein Wunder, dass zahllose Christen abgefallen sind. Die Schutzmacht Deutschland versagt. Wird uns doch der liebe Gott nicht auch noch wegwerfen?« Gerade als die Verhandlungen, vermutlich durch den großen Einfluss Anzers in Berlin, Erfolg versprachen, trat eine völlige Wende ein: Am 9. Juni 1900 geriet Peking in die Hände der »Großen Messer«, der so genannten Boxer. China stand in offenem Konflikt mit den auswärtigen Mächten. Die Waffen sollten entscheiden.

Der liebe Gott sei uns gnädig

Bis die Nachrichten von Peking nach Shantung kamen, verging viel Zeit, dafür wucherten die Gerüchte umso wilder. Der Gouverneur der Provinz Shantung hatte vorgesorgt. Seine Soldaten waren europäisch trainiert und hielten stramme Disziplin. Damit gelang es ihm, seine Provinz von den Boxern freizuhalten.

Am 26. Juni 1900 erhielt Administrator Josef Freinademetz ein Schreiben des Gouverneurs: »Alle europäischen Missionare haben sich sofort in die Hafenstädte zu begeben. Ihre Sicherheit im Landesinnern ist nicht mehr gewährleistet.« Das war immerhin ein menschlicher Weg, China von den Fremden zu befreien. Die Boxer hatten andere Methoden. Sie brachten jeden Ausländer um, der ihnen in die Quere kam.

Steyl erreichte eine Notdepesche: »Missionare schutzlos, äußerste Lebensgefahr. Josef Freinademetz« – »Herren nach Tsining, beraten, was tun, Josef Freinademetz.« Dieses Telegramm erhielten die Missionare im Einzugsgebiet von Tsining. Die Missionen in ganz China waren in Auflösung begriffen. Die Jesuiten, die Franziskaner, alle flohen an die sichere Küste.

Die Steyler Missionare wollten nicht aufgeben. Sie machten einander Mut. »Wir bleiben und setzen die Missionsstation in Tsining in den Verteidigungszustand!« Aber der Ortsmandarin drängte auf Abreise: »Wenn ihr nicht freiwillig geht, werfe ich euch mit Gewalt hinaus!«

Am 2. Juli brach die erste Wagenkolonne mit dem Großteil der Patres und Brüder auf, begleitet von chinesischen Soldaten. Freinademetz, vier weitere Patres und zwei Brüder blieben zurück. Der Administrator sorgte sich vor allem um die große Zentrale in Puoli. Er wollte die Waisen, die Gruppe der elternlosen jungen Mädchen und die alten Leute im Altersheim nicht im Stich lassen. Er war drauf und dran, allein nach Puoli zu gehen.

»Was ist denn schon dabei, wenn ich mich opfere. Ich bin doch sowieso schon halbtot und lebe nicht mehr lange. Ihr dagegen habt noch ein langes Leben vor euch«, bekamen die jüngeren Missionare zu hören, die ihn davon abhalten wollten. Schließlich ließ er sich doch umstimmen. »Gut, reisen wir nach Tsingtao. Um ein Uhr stehen wir auf, zelebrieren und dann ist Abmarsch.«

Die letzten Stunden lag er lang ausgestreckt auf der Orgelbühne und betete. Schließlich musste man ihn mit Gewalt aus der Station hinausschieben. »Nein, ich bleibe.« Die Stimme versagte ihm, er spuckte wieder Blut.

»Hoffentlich übersteht er die Fahrt«, flüsterten die Missionare einander zu. Mit sichtlichem Widerwillen bestieg Fu Shenfu schließlich seinen Karren. Eine Schutztruppe des Mandarins mit zwanzig Berittenen begleitete die kleine Wagenkolonne. Der Karren des Administrators war der letzte in der Reihe.

Als sie zum ersten Mal Rast machten, fing Freinademetz von Neuem zu jammern an: »Ich kann meinen Seelenfrieden nicht finden. Ich darf nicht weggehen. Bringt ihr euch in Sicherheit.« Seine Mitbrüder sahen, dass sie nichts mehr ausrichten konnten. Mit Tränen in den Augen knieten sie vor ihm nieder und baten um seinen Segen. »Bruder Ulrich, wollen Sie mit mir nach Puoli?« Der war sofort bereit.

Schweren Herzens zogen die Steyler Missionare die Straße weiter, Pater Freinademetz und Bruder Ulrich bogen nach Puoli ab. Mutterseelenallein, ohne jede militärische Begleitung, fuhren sie in ihrem Wagen zwei Tage lang die Strecke nach Puoli. Nichts passierte ihnen unterwegs. Was wussten auch die Bauern, die auf den Feldern arbeiteten, vom Ausweisungsbefehl des Gouverneurs.

Nach zwei Wochen waren fast alle Priester und Brüder der Steyler Gemeinschaft in Tsingtao in Sicherheit. »Pater Freinademetz und Bruder Ulrich sehen wir nicht wieder!« war die allgemeine Meinung. »Wir haben zwei Märtyrer mehr!« In den deutschen Zeitungen erschienen Meldungen, wonach mit dem Tod des Administrators Josef Freinademetz zu rechnen sei. In Steyl und in den anderen Niederlassungen der Gesellschaft des Göttlichen Wortes wurde für China und Süd-Shantung gebetet.

In Sankt Gabriel in Mödling bei Wien hielt man Bittprozessionen ab und Andachten für China, täglich nach der Messe betete die Gemeinschaft:

Lasset uns beten für unsere bedrängte chinesische Mission. Vater unser.

Lasset uns beten für alle unsere bedrängten Missionare. Vater unser.

Lasset uns beten für jene, welchen Gott der Herr die Gnade des Märtyrertodes zuführt, auf dass sie treu und standhaft im Bekenntnis des heiligen Glaubens sein mögen. Vater unser.

Gott, Heiliger Geist, erbarme dich Chinas.
Heiligstes Herz Jesu, erbarme dich Chinas.
Heiligstes Herz Mariä, bitte für China.
Heiliger Josef, Schutzpatron Chinas, bitte für China.
Heiliger Franciscus Xaverius, bitte für China.
Alle heiligen Märtyrer Chinas, bittet für China ...

Pater Freinademetz und Bruder Ulrich kamen ungeschoren bis vor die Mauern der Missionszentrale in Puoli. »Der Fu Shenfu ist da! Der Fu Shenfu ist da!« Der Jubel in der Missionsstation wollte kein Ende nehmen. An die tausend Flüchtlinge hatten sich hier zusammen mit den Waisenkindern, der Gruppe der elternlosen jungen Mädchen und den alten Leuten unter der Leitung von vier einheimischen jungen Priestern verschanzt. »Der Fu Shenfu ist da! Der Fu Shenfu ist da!« Immer wieder fielen die Chinesen einander in die Arme. Dem also Gefeierten gelang es fast nicht, sie zu beruhigen. »Um Gottes willen, seid doch ruhig!

Wenn der Mandarin erfährt, dass ich hier bin, weist er mich sofort aus!«

Freinademetz war wie umgewandelt. Von dem Augenblick an, als er sich entschlossen hatte, doch nach Puoli zu fahren, waren Kehlkopfleiden und Blutspucken vergessen. Er fühlte sich gesünder als je zuvor. Schnell traf er die ersten Entscheidungen. Den Bewohnern und den Flüchtlingen machte er unmissverständlich klar, dass sie sich auf einen blutigen Tod vorzubereiten hätten. Am Sonntag, 8. Juli 1900, legte er mit der riesigen Schar der Christen in der großen Kirche ein feierliches Gelöbnis ab:

»Gefertigter gelobte feierlich im Angesicht der ganzen Gemeinde Puoli und von nahezu tausend Flüchtlingen, das Fest Maria Auxilium Christianorum fünf Jahre lang feierlich mit 13-stündigem Gebet begehen zu wollen, wenn die Residenz Puoli bei der großen Verfolgung unversehrt bleibt.

Puoli, den 8. Juli 1900. Josef Freinademetz, Provikar.«

Eine Woche konnte Freinademetz in der Station bleiben. Hundertfünfzig Katechumenen führte er in diesen Tagen zur Taufe. Stunden- und tagelang saßen er und die chinesischen Shenfus im Beichtstuhl. Es gelang ihm, die große Masse für ein ständiges gemeinsames Beten in der Kirche zu gewinnen: »Was da gebetet und geweint wurde, hat der liebe Gott gesehen; wer das nicht selbst mitgemacht hat, kann sich von den Gefühlen keinen Begriff machen.«

Schwierigkeiten machte immer wieder der Mandarin. Er wollte die Christen unbedingt loswerden und die Station räumen. Die Christen aber ließen seine Abgesandten nicht in die Residenz herein, sondern verhandelten vom flachen Dach aus. Der Mandarin drohte, zum Angriff überzugehen und alles zu zerstören. Von der Anwesenheit der beiden Europäer wusste er nichts.

»Auf die Dauer werden wir der Übermacht erliegen«, war die allgemeine Meinung innerhalb der Station. Ein Großteil der Christen wollte sich zur Wehr setzen. Freinademetz meinte, das dürfe man gegen die Soldaten der rechtmäßigen Obrigkeit nicht tun. Trotz der Belagerung gelang es ihm, ein Telegramm nach Tsingtao zu senden: »Ist noch Hilfe möglich?« Die Antwort: »In Peking Gesandtschaften eingeschlossen, Tientsin belagert, Tsingtao keine Truppen abkömmlich. Einzige Rettung Kaiserkanal oder Gelber Fluss.«

Guter Rat war teuer. Gegen den Mandarin und seine Soldaten zu kämpfen, konnte sich die katholische Mission nicht leisten. Fliehen konnte Freinademetz auch nicht mehr. Er hatte die Christen auf das Martyrium vorbereitet, da konnte er jetzt nicht selbst davonlaufen.

»Fu Shenfu, du musst gehen!« Die Christen selbst begannen, ihn zu bedrängen. »Fu Shenfu, du unterhöhlst die Kampfesmoral!« sagten diejenigen, die sich zur Wehr setzen wollten. »Fu Shenfu, du bist für uns alle eine Gefahr. Wenn der Mandarin hört, dass du da bist, bringt er uns alle um!«

Was sollte er tun? Fu Shenfu entschloss sich, Puoli doch zu verlassen. Zuvor aber traf er noch einige wichtige Entscheidungen: Von den Waisenkindern waren schon viele nach Tsingtao gebracht worden. Die elternlosen jungen Mädchen, die bereits zur Ehe versprochen waren, wurden den betreffenden Familien zugeschickt, auch wenn sie noch nicht alt genug waren. In der Not des Krieges wurden sie ohne weitere Zeremonie dem Mann, dem sie versprochen waren, anvertraut. Die größeren Buben traten in mehreren Abteilungen unter der Führung älterer Männer die Reise nach Tsingtao an. Die Leitung in Puoli sollten wieder die chinesischen Shenfus übernehmen.

Es war tiefe Nacht, als Fu Shenfu zusammen mit Bruder Ulrich heimlich die große Residenz von Puoli verließ. Ein paar kräftige Burschen in militärischer Uniform begleiteten den Reisekarren.

Sie fuhren nicht nach Tsingtao. Freinademetz wollte auf jeden Fall in der Mission bleiben. Sie fuhren zur zweitgrößten Station, nach Wangchuang, wo ein Pater und ein Bruder zurückgeblieben waren. Die staunten nicht schlecht, als plötzlich der Administrator vor ihnen stand.

Wangchuang war bisher verschont geblieben. Der Ortsmandarin hatte es fertig gebracht, sein Gebiet von den Boxern freizuhalten. Am 21. Juli waren Pater Freinademetz und Bruder Ulrich eingetroffen. Am 25. Juli, Fest des Apostels Jakobus, gab es in Wangchuang trotz des Ernstes der Lage ein großes Fest: Josef Freinademetz feierte sein silbernes Priesterjubiläum. Er hatte eine schwere Zeit hinter sich, die Gegenwart war beklemmend, die Zukunft alles andere als hoffnungsfroh. Immer wieder gingen seine Gedanken nach Puoli. Was dort wohl geschah?

Die Tage in Wangchuang war er zum Nichtstun verurteilt. Eine gute Gelegenheit, nach den aufregenden Tagen wieder zur Ruhe zu kommen: Warum muss die Mission in Süd-Shantung das alles erleben? Da muss doch ein Sinn dahinterstecken! Haben wir Missionare etwas verschuldet? Was haben wir falsch gemacht? »Das viele Prozessführen muss auf jeden Fall aufhören.« Fu Shenfu lässt die Missionierung von Süd-Shantung Revue passieren.

Nachrichten aus Puoli! Es sah schlecht aus. Offener Streit herrschte in der Station. Was zusammenhielt, war der Feind vor den Mauern. Drei-, viermal wurde ein Generalangriff der Boxer abgewehrt. Es fehlte eine Persönlichkeit, eine Autorität: Pater Josef Freinademetz.

»Ich muss hin!« Zweimal gerieten er und Bruder Ulrich auf dem Weg nach Puoli in akute Lebensgefahr. In letzter Sekunde konnten sie beide Male vor den Boxern fliehen. Die letzte Wegstrecke lagen sie eng aneinandergepresst auf einem Schiebekarren, von einer Strohmatte zugedeckt.

Am 18. August 1900 erhält die Missionarsgemeinschaft in Tsingtao ein überraschendes Telegramm: »Eben noch lebend angekommen. Lage höchst gefährlich.« – Der schon längst Todgeglaubte lebte also noch!

Seit Anfang August bewegten sich 15.000 bestens ausgerüstete ausländische Truppen – an erster Stelle Japaner und Russen, dann Engländer und kleinere Einheiten anderer Nationen – auf Peking zu. Am 14. und 15. August 1900 eroberten sie die Hauptstadt. Eine Regierung der gemäßigten Richtung kam an die Macht. Die Boxerhorden hatten ausgespielt. Die Lage besserte sich schlagartig.

Die Mission hatte Furchtbares erlitten, aber sie war nicht zerstört. Das Leben konnte weitergehen. Freinademetz blieb bis zum Ende des Jahres in Puoli. Als sich das Gerücht verbreitete, er würde gehen, entstand bei den Christen Unruhe. Sie wollten ihren Fu Shenfu nicht mehr hergeben. Bis Weihnachten waren alle Missionare wieder auf ihren Posten. Die Süd-Shantung-Mission konnte wieder arbeiten, ihre größte Prüfung war vorbei.

Ruhe nach dem Sturm

Josef Freinademetz war gesundheitlich längst nicht mehr auf der Höhe. Er hatte zu viele Kräfte verbraucht. Und doch begann für ihn ein neuer Lebensabschnitt. Während der ärgsten Wochen in Puoli war er von Arnold Janssen zum Ordensprovinzial der Mitbrüder in Süd-Shantung ernannt worden. Bisher hatte Bischof Anzer auch dieses Amt inne.

Der Schritt, Freinademetz zum Provinzial zu machen, bedeutete eine Zäsur: hie Bischof, hie Provinzial. Der Provinzial ist der Vertreter des Generalsuperiors, der dem Bischof für sein Vikariat Personal zur Verfügung stellt. Vor wichtigen Personalentscheidungen musste der Bischof also in Zukunft den Provinzial einschalten.

Dass gerade Freinademetz Provinzial wurde, empfand Bischof Anzer als Affront. Er hatte seinerseits dem Generalsuperior Namen für dieses Amt genannt, aber ausdrücklich Josef Freinademetz ausgeschlossen. Verständlich, dass er entsprechend reagierte. Über Kardinal Ledochowski in Rom erreichte er eine Beschneidung der Befugnisse des Provinzials. Außerdem enthob er den neuen Provinzial des Amtes als Provikar. Damit verlor Freinademetz die mit diesem Amt verbundene Jurisdiktion für das gesamte Missionsgebiet. Das bedeutete zum Beispiel, dass er auf Visitationsreisen nicht Beichthören durfte, wenn er nicht zuvor den zuständigen Missionar um Erlaubnis gebeten hatte. »Nichts als Intrigen«, schimpften die Missionare. Freinademetz versuchte die Schimpfkanonaden abzublocken: »Helft mir, den Karren aus dem Dreck zu ziehen! Beten wir, dass in Süd-Shantung der Wille Gottes geschehe. Alles andere zählt nicht!«

Acht Jahre wurden Josef Freinademetz noch geschenkt. Acht Jahre, in denen der Mission von Süd-Shantung von außen keine Gefahr mehr drohte. Der Aufbau der Stationen konnte ruhig vor sich gehen, die Missionare und Christen mussten nicht mehr um ihr Leben fürchten.

Diese acht Jahre war Freinademetz ununterbrochen Provinzial. Seine Hauptsorge galt in diesem Amt weniger den Christen und der Mission als vielmehr den einzelnen Missionaren selbst. Für sie war er als Ordensoberer zuständig und verantwortlich. Die erste Sorge des neuen Provinzials war die Einrichtung eines zentralen Ordenshauses, wo sich unter anderem die Mitbrüder jährlich zu den Exerzitien treffen konnten, um sich an Geist und Leib entsprechend zu erholen.

Schon 1895 hatte Anzer, damals selbst noch Provinzial, einen Teil eines großen Landgutes in Taikia bei Tsining erworben. Das Landgut war in ganz Tsining sehr bekannt und galt sogar als Miniaturausgabe des Sommerpalastes des Kaisers in der Nähe von Peking. Freinademetz gelang es, das gesamte Gut für seine Ordensgemeinschaft zu kaufen. Es hatte 87 Hektar, bestand zum einen Teil aus Gemüse- und Ackerland, zum anderen Teil aus künstlichen Hügeln, einem Park mit exotischen Pflanzen, Zierteichen und einzelnen Wohnbauten.

Der Provinzial ließ sich die Adaptierung etwas kosten. Seine Mitbrüder sollten sich in ihrem zentralen Ordenshaus wohl fühlen. Hierher sollten sie kommen, um sich von den Strapazen ihrer Missionsarbeit zu erholen. Er verpflichtete die Patres der Steyler Gesellschaft, jedes Jahr mindestens vier Wochen in Taikia zu verbringen. In seinen Augen sollte Taikia nicht bloß eine Urlaubsstätte sein: »Es ist nicht der Zweck unseres einmonatigen Hierseins, dass wir uns lediglich der körperlichen Erholung und Zerstreuung und völligem Müßiggang überlassen. Unser Leben ist zu kurz, unsere Zeit zu kostbar, als dass wir auch nur einen Tropfen davon verlottern dürften. Nein, auch dieser Monat gehört Gott, ganz Gott, und jede seiner 720 Stunden, jede seiner 43.200 Minuten, jede seiner 2.592.000 Sekunden wird Gott auf die Waage der Gerechtigkeit legen und Rechenschaft von uns verlangen. Natürlich müssen wir uns körperlich entsprechend erholen und auffrischen. Aber Körper und Geist sind zwei diametral verschiedene Wesen, wie Feuer und Wasser. Das eine ist auf das andere angewiesen. Tut der Körper nicht mehr mit, so hat auch der Geist Feierabend, und wenn der Geist Feierabend hat, das ist so, wie wenn dem Feuer das Brennmaterial ausgeht oder der Maschine die Elektrizität nicht mehr zuströmt.«

Neben der individuellen Erholung an Geist und Leib erwartet sich Freinademetz auch noch etwas anderes: »Wir gehören einer Gesellschaft an, wir sind Mitbrüder, da ist es zu wenig, dass jeder auf seinem Posten allein weiterwurstelt.«

Die Patres des Vikariats Süd-Shantung waren froh über ihr Taikia. Sie freuten sich auf die vier Wochen des Zusammenseins. Hier konnten sie sich erholen, »auf Wunsch ein jeder ein Glas Bier trinken«, miteinander ihre Probleme besprechen, in Exerzitien ihr geistliches Leben wieder in Schwung bringen. Der Provinzial machte es sich zur Aufgabe, während dieser Wochen mit jedem einzelnen Mitbruder, ob Pater oder Bruder, ein vertrauliches Gespräch über die persönlichen und persönlichsten Anliegen zu führen. Er sah seine Aufgabe darin, Seelsorger der Seelsorger zu sein.

Manchem Missionar musste er dabei aber auch auf die Zehen treten: Ein »Krebsübel« ist die Pferdeleidenschaft mancher Mitbrüder, »die ganz riesige Kosten verursacht«.

Andere hatten es sich angewöhnt, feinste chinesische Seidenkleider zu tragen, damit war die Anpassung des Europäers an den Chinesen ad absurdum geführt. Der Provinzial scheute sich nicht, derlei Dinge offen zur Sprache zu bringen.

Kam von Steyl Nachwuchs für die Mission, so war Taikia der ideale Platz, die Sprache zu lernen und die Mentalität der Chinesen zu studieren. Kein anderer als der Provinzial war dazu der beste Lehrmeister.

Dass Freinademetz neben den Pflichten des Provinzials auch immer wieder aktiv in der Seelsorge mitarbeitete, war bei ihm selbstverständlich. Gewissenhaft visitierte er seine Missionare. Er zog von Station zu Station, hörte sich die Sorgen und Probleme an, half Streit schlichten und sprach auch, wenn notwendig, ein entschiedenes Wort. Gerade durch diesen hautnahen Kontakt mit den Missionaren wurde ein Problem immer belastender: Das Klima zwischen Bischof und Patres war unerträglich geworden.

Der Weggefährte

Bischof Johann Baptist Anzer war eine gebrochene Persönlichkeit. Sein Einsatz für Süd-Shantung war genauso total wie der seines Stellvertreters Josef Freinademetz, vollzog sich freilich auf anderen Ebenen. Für den Aufbau der ersten Steyler Mission leistete Anzer Großartiges. Freinademetz hatte wohl Recht, ihn von der Begabung und vom Naturell her für den fähigeren Oberen zu halten. Um aber die harten Jahre des Beginns in Shantung, die Jahre der Verfolgung, der persönlichen Misshandlung – Anzer war ähnlich wie Freinademetz einmal zusammengeschlagen worden und überlebte nur, weil ihn seine Peiniger für tot hielten – durchzustehen, bedurfte es einer körperlichen und seelischen Verfassung, über die nicht jedermann verfügt. Mit dem bischöflichen Amt waren zudem Gegensätzlichkeiten verbunden, die mit zum persönlichen Scheitern des ersten Bischofs von Süd-Shantung beigetragen haben dürften. Auf der einen Seite musste sich der Bischof in China im kleinsten Dorf Beschimpfungen und Verleumdungen gefallen lassen, auf der anderen Seite wurde er in Berlin von Wilhelm II. zum Frühstück mit der kaiserlichen Familie eingeladen. Während die Weltpresse seinen Namen nannte, die deutsche Reichsregierung sich in ihrer Machtpolitik auf ihn berief, musste er in China mit den Bauern um den Grundstückspreis für den Bau einer neuen Kapelle feilschen, sich mit den kleinsten Beamten herumstreiten und mit zahllosen Bettelbriefen in Europa notwendige Mittel zur Erhaltung der Mission erbitten. Zu den Pflichten des Bischofs gehörte es auch, inner- und außerhalb Chinas langwierige Reisen zu unternehmen. In sechzehn Jahren fuhr er viermal nach Europa, was unter den damaligen Verhältnissen harte Strapazen mit sich brachte.

Das alles mag neben gesundheitlichen Problemen – der Bischof litt unter zu hohem Blutdruck – dazu beigetragen haben, dass Anzer sich seinen Mitbrüdern entfremdete, immer mehr vereinsamte, die Selbstkontrolle verlor und schließlich Zuflucht im Alkohol suchte. Freinademetz musste den Verfall seines Weggefährten ohnmächtig mitansehen. Es gehörte zur persönlichen Tragik dieser beiden Männer, dass sie nicht zueinander finden konnten. Zu verschieden waren die Persönlichkeiten, zu verschieden ihre Mentalität, zu verschieden ihre Spiritualität.

Der Südtiroler rang mit sich. Er hatte des Öfteren versucht, in einer brüderlichen Zurechtweisung den Bischof wieder auf den rechten Weg zu bringen. Anzer war durchaus gewillt dazu, scheiterte aber doch immer wieder. Die Mehrheit der Missionare forderte kategorisch die Absetzung des Bischofs. Ein Teil von ihnen war drauf und dran, Süd-Shantung zu verlassen, wenn der Bischof bliebe.

Von allen Seiten bedrängt, verfasste Josef Freinademetz eine Denkschrift, in der er die einzelnen Anklagepunkte gegen den Bischof anführte. Generalsuperior Arnold Janssen leitete dieses Schreiben weiter an die Propaganda-Kongregation in Rom, die dafür zuständig war. Der Fall wurde mehrere Male Papst Leo XIII. vorgelegt. Zuletzt hatten die zuständigen Kardinäle zu entscheiden: Sind gegen Bischof Anzer Maßnahmen zu ergreifen? Und wenn ja, welche? Die Antwort: Man soll den Bischof nach Rom rufen, ihm die Anklagen vorlegen und ihn zur Resignation auffordern, eventuell unter Androhung der Absetzung.

Am 12. Mai 1903 sandte Kardinal Gotti, der Präfekt der Propaganda-Kongregation, dem Bischof die Einladung. Ein paar Tage zuvor, am 7. Mai, meldete das Berliner Tageblatt aus Rom, dass in dem Gespräch zwischen Kaiser Wilhelm II. und Papst Leo XIII. auch von Bischof Anzer die Rede gewesen sei; man denke, so hieß es, den alternden Bischof durch eine tüchtige jüngere Kraft zu ersetzen ...

Anzer war innerlich in großer Not. Er schob die Reise nach Rom auf. Schließlich ging er zu Pater Freinademetz. Der Südtiroler berichtet: »Endlich übergab er mir ein drittes Scriptum, das heißt einen eingehenden Entwurf eines Schreibens, das ich zu seinen Gunsten an den Kardinal senden möchte. Summarischer Inhalt: Die Zeitungen sprechen von einer Abberufung des Bischofs. Eine solche wäre zum größten Schaden für die Mission.« Freinademetz ging in die Kirche und betete. Erst dann gab er seinem langjährigen Weggefährten und Bischof die Antwort: »Ich bin nicht in der Lage, einen solchen Brief schreiben zu können. Es wäre gegen mein Gewissen.«

Damit waren die Würfel gefallen. Anzer fügte sich in sein Schicksal. Am 23. Oktober 1903 telegrafierte der Provinzial nach Steyl: »Der Bischof kommt mit dem Sibirien-Expreß.«

Einen Monat später, am 25. November, erhielt der Provinzial von Süd-Shantung ein Telegramm aus Rom: »Bischof Anzer an Schlaganfall gestorben.« – »Mein Gott! Was für eine Nachricht! Wer hätte vermutet, dass seine bischöflichen Gnaden so plötzlich sterben müsse! Er selbst wohl auch nicht! Ob das die Folge unserer Klageschrift gewesen ist, die man ihm in Rom wohl mitgeteilt hat?« Der Tod des Bischofs setzte ihm schwer zu. Er wusste nur zu gut, was die Mission in Süd-Shantung ihrem ersten Bischof zu verdanken hatte. Umso schwerer war es ihm gefallen, gegen diesen Mann Schritte unternehmen zu müssen.

Der erste Apostolische Vikar von Süd-Shantung wurde auf dem Campo Santo Teutonico in Rom beerdigt. Bei der Obduktion entnahm man dem Leichnam das Herz, um es nach China zu bringen. Freinademetz schlug die Hände über dem Kopf zusammen: »Um Gottes willen! Das entspräche ganz und gar nicht chinesischer Mentalität!« Das Herz Anzers wurde schließlich nach Sankt Gabriel in Niederösterreich gebracht und in der Friedhofskapelle eingemauert.

Seit der Abreise Anzers lag die Leitung der Mission wieder in den Händen des Missionars aus Südtirol. Das Leben in Süd-Shantung musste weitergehen. Nach längeren Beratungen mit verschiedenen Missionaren legte er die Richtlinien für die künftige Arbeit fest. Am 25. April 1903 galt es einen Gedenktag zu begehen: 25 Jahre zuvor war Freinademetz mit Johann Baptist Anzer und zwei Franziskanermissionaren in Hongkong an Land gegangen: »Jetzt sind alle drei tot, ich allein bin noch am Leben. Wie lange noch?« Körperlich fühlte sich Freinademetz in dieser Zeit sehr gut. Seine früheren Gebrechen schienen geheilt. Dabei schonte er sich keineswegs und nahm die Strapazen der nötigen Visitationsreisen auf sich. Er wechselte von einem Verkehrsmittel auf das andere: Von der Eisenbahn zum chinesischen einachsigen Wagen, dann wieder hoch zu Ross und zu Fuß, der Administrator scheute keine Mühe.

Die Frage, die jetzt alles andere überschattete, war: Wer wird neuer Bischof?

Sie sind auf dem Holzweg

Wäre es nach Arnold Janssen und nach dem Willen der Mehrheit der Missionare gegangen, hätte der neue Bischof Josef Freinademetz geheißen. Gegen ihn aber hatte die deutsche Reichsregierung dem Heiligen Stuhl gegenüber Einspruch erhoben, wie Kardinal Kopp, Fürstbischof von Breslau, Arnold Janssen wissen ließ, weil er »geborener Österreicher« sei!

Schonend versuchte Janssen ihm diesen Sachverhalt beizubringen: »Mir und den hiesigen Räten ist das sehr unangenehm, andererseits kann man aber auch eine Fügung Gottes darin erblicken, der Sie als Provinzial in einer eigentlich noch wichtigeren und einflussreicheren Stellung erhalten will. Jedenfalls werden Sie, lieber Mitbruder, jenen Grad der Demut erreicht haben, sich darüber nicht allzu sehr zu betrüben.«

Freinademetz gibt eine ehrliche Antwort: »Ich verhehle nicht, dass mich das sehr frappiert hat und wohl auch niedergeschlagen machte, wenigstens für einige Zeit. Nicht, dass ich meinte, ich müsste Bischof werden. Vielleicht ist niemand so sehr wie ich selbst überzeugt, dass mir so ziemlich alles abgeht, was ein tüchtiger Bischof haben muss; ich spreche da von Herzen. Aber andererseits weiß ich wirklich nicht, warum ich von vornherein ausgeschlossen bin.«

Einem befreundeten Priester in der Heimat gegenüber drückt er sich drastischer aus: »Sie meinen wohl, ich würde Bischof werden! Sie sind auf dem Holzweg. Auf einen Strohkopf passt und setzt man keine Mitra. Zudem habe ich nebst vielen persönlichen Fehlern auch noch einen ›Geburtsfehler‹, den kein Taufwasser wegwaschen kann. Somit besteht keine Gefahr, dass es bei mir einschlägt!«

Im August 1904 kam die Nachricht: Neuer Bischof des Apostolischen Vikariats Süd-Shantung ist Augustin Henninghaus. »Deo gratias! Diese Wahl ist gut, ja die beste, die möglich war. Pater Henninghaus ist der richtige Mann, ausgestattet mit den Gaben des Geistes und des Herzens wie kaum ein zweiter in Süd-Shantung. Wir Missionare sind fast ausnahmslos über die Wahl erfreut. Es lebe die göttliche Vorsehung, die einen solchen Oberhirten an die Spitze unserer Mission gesetzt hat.« Mit diesen Worten feierte Pater Josef Freinademetz den Nachfolger Bischof Anzers.

Henninghaus und Freinademetz verstanden sich sehr gut. Henninghaus freute sich, dass neben ihm Pater Freinademetz stand: »Gott sei Dank, dass wir diesen Mann noch haben. Wenn ich ihn sehe, kommt es mir wie eine Anmaßung vor, die Ernennung anzunehmen. Seine Verdienste sind nicht nur auf den Tafeln der göttlichen Gerechtigkeit verzeichnet, sondern auch in den Herzen der Missionare und Christen von Süd-Shantung!«

Am 30. Oktober 1904 wurde in Yenchowfu der neue Bischof geweiht. Mit zwei Bischöfen legte auch der Provinzial und Provikar Josef Freinademetz dem Erwählten die Hände auf.

Am Tag nach der Weihe segnete Monsignore Henninghaus den neu angelegten Missionarsfriedhof in Taikia ein. Dann folgte das endgültige Begräbnis der bisher verstorbenen Missionare. Die Särge waren nur provisorisch über der Erde eingemauert gewesen, unter ihnen auch die der Ermordeten Nies und Henle. Gerade sieben Jahre waren seit jenen stürmischen Tagen vergangen. Mit den Europäern umsäumte eine riesige Menge Chinesen, Christen wie Nichtchristen, die Gräber. Vor sieben Jahren wäre das undenkbar gewesen. Freinademetz – »Und wohl nicht nur mir« – kamen die Tränen. Die Beerdigung war für ihn wie eine feierliche Einsegnung der Vergangenheit. Vorbei waren die Zeiten der schweren Verfolgungen. Die Christen waren in Shantung keine Außenseiter mehr. Die Kirche war eine gesellschaftliche Größe geworden, die respektiert wurde.

Es ist keine Zeit zu verlieren

Um Chinesisch Neujahr des Jahres 1905 erhielt die Mission einen Besuch, der die neu gewonnene Stellung der Kirche dokumentierte. Freinademetz jubelte: »Was seit 6000 Jahren sicher das erste Mal gewesen ist: Der Heilige Chinas, der Nachfolger und

Stammhalter des Konfuzius, der sich bisher hermetisch abgeschlossen hatte und den vor zwei Jahren nicht einmal der deutsche Gouverneur von Tsingtao trotz Verwendung des Vizekönigs von Shantung zu sehen bekam, ist in Begleitung der ganzen Beamtenschaft unserer Hauptstadt zu uns in die Mission zu einem Festessen gekommen. Wir haben uns in aller Vertraulichkeit und Freundlichkeit unterhalten und über dies und jenes geplaudert. Die Beziehung zu ihm wird von jetzt an hoffentlich nicht mehr unterbrochen werden. Wahrhaftig keine kleine Errungenschaft.«

Klar sieht Fu Shenfu die Situation im Reich der Mitte: »Für China ist eine neue Zeit angebrochen; es ist unendlich wichtig, alle Hebel in Bewegung zu setzen, um diese Zeit der Entscheidung für unsere heilige Religion auszunutzen. Wenn doch bloß Europa katholisch wäre! Ich zweifle nicht, die Zeit der Bekehrung Chinas wäre jetzt da. Aber so muss man mit Angst und Zittern in die Zukunft schauen. Es ist keine Zeit zu verlieren, und kein Opfer darf gescheut werden. Beter und Arbeiter tun absolut Not, und dazu Geld! Nur so ist es möglich, die große Maschine in Gang zu halten. Das Getriebe ist bereits riesengroß, die Kosten wachsen mit jedem Jahr gewaltig. Europa muss China retten helfen. Geht China verloren, ist Europa mit schuld!«

Festtage wie der Besuch des Heiligen Chinas waren die Würze für den aufreibenden Dienst des Alltags. Der 53-jährige Provinzial von Süd-Shantung arbeitete wie ein Besessener. Monatelang war er wieder unterwegs, ritt von Dorf zu Dorf, hielt Vorträge, munterte Missionare auf und machte den Lokalbehörden seine Aufwartung. Der Bischof und der Provinzial ergänzten sich ideal. Es gab kein Gegeneinander mehr, die beiden Männer arbeiteten Hand in Hand.

Dass Freinademetz auch jetzt die Bäume nicht in den Himmel wuchsen, dafür sorgten seine Missionare: Nicht jedem passte sein Stil, nicht jeder vertrug seine Kritik, mancher fasste sie als kleinliche Nörgelei auf. Der Generalsuperior musste ihm einmal Übertretung der Kompetenzen vorwerfen. Das traf ihn besonders hart.

Außerdem wurde Taikia nicht das, was sich der Provinzial erträumt hatte: Die Missionare waren seit Jahren, manche seit Jahrzehnten das Alleinsein gewöhnt und vertrugen vier Wochen Gemeinschaftsleben nicht mehr so recht. Schon in der zweiten Woche des Zusammenseins musste der eine oder andere »unbedingt« zurück zu seiner Station.

Dem sensiblen Fu Shenfu machte das schwer zu schaffen. Viermal bot er seinen Rücktritt als Provinzial an: »Mir fehlt a) Verstand, b) Energie, c) Tugend, d) Liebe, e) Mut und f) Rednergabe.« Die Antwort aus Steyl fiel jedes Mal eindeutig aus: »Kommt gar nicht in Frage.«

Der 18. Jänner 1907 brachte das silberne Jubiläum der Mission in Süd-Shantung: 25 Jahre waren seit der Ankunft Anzers in Puoli vergangen. Freinademetz zog Bilanz: »Vor 25 Jahren fingen wir mit 158 Christen an. Heute zählen wir 40.000 Getaufte und ebenso viele Katechumenen. Der Herr ist wirklich gütig. Das ist ein Trost für uns und für unsere Wohltäter in der Heimat. Der Chinese ist nicht areligiös!« Der letzte Satz klingt wie eine Rücknahme seiner anfänglichen Vorurteile.

Etwas beunruhigte Pater Freinademetz noch: Man sprach so viel von einem neuen Generalkapitel, und dazu hätte er als Provinzial von Amts wegen nach Europa fahren müssen. »Bitte, nur das nicht!« bettelte er seinen Generalsuperior an.

Fu Shenfu wollte sein geliebtes China nicht mehr verlassen. Vielleicht auch, weil er sein Ende herannahen spürte: »Wie lange der alte Gaul noch ins Geschirr geht, weiß der liebe Gott. Ich fühle mich zwar gesund, besser als vor sechs oder sieben Jahren, wo die Herren Doktoren mir noch ein halbes Jahr geben wollten. Aber wie lange es noch dauern wird? Die Welt dreht sich, wir Alten treten von der Bühne ab und Junge treten auf! Bald wird es heißen: Aussteigen!«

Den guten Kampf gekämpft, den Lauf vollendet

Wieder einmal hatte er in Tsining zu tun: An der Katechistenschule war die Jahresprüfung abzunehmen. Fu Shenfu klagte über Kopfschmerzen. »Wenn Freinademetz schon einmal selber sagt, dass ihm was weh tut, dann muss es wirklich arg sein!« Die Mitbrüder waren in Sorge. Ein letztes Mal schrieb der Provinzial an seinen Bischof: »Der Missionskarren geht durch allerhand Kreuz und Leid hindurch seinen gewohnten Gang.«

Er selbst kann seinen »gewohnten Gang« nicht mehr einhalten. Die Examina muss er abbrechen. Freinademetz ist vom Typhus angesteckt. Der ausgemergelte 56-Jährige hat keine Widerstandskraft mehr, er ist mit seinen Kräften am Ende. Der Krankenbruder macht ihm klar, dass er in Taikia besser aufgehoben sei. »Es ist die letzte Fahrt«, sagt Fu Shenfu, als man ihm in den Wagen hilft. Er sollte Recht behalten. »So, jetzt ist es soweit; jetzt geht's nach oben.« Das sind seine Worte bei der Ankunft in Taikia.

Freinademetz weiß um seinen Zustand. Die letzten Kräfte mobilisiert er, um das Notwendigste zu regeln. In einem Brief, den die Mitbrüder erst nach seinem Tod öffnen dürfen, bestimmt er interimsmäßig seinen Nachfolger und fügt dann an: »Ich bitte alle aus ganzem und aufrichtigstem Herzen um Verzeihung für die zahllosen Mängel, die Kälte und Lieblosigkeit und für die Versäumnisse, die mit der Stellung, die ich in Süd-Shantung innegehabt habe, absolut unverträglich sind. Ich sterbe im vollen Vertrauen auf die Barmherzigkeit des göttlichen Herzens und die Fürbitte Seiner und meiner göttlichen Mutter Maria samt meines Namens- und Sterbepatrons, des heiligen

Josef. Möge der Himmel uns alle vereinen in aeternum et ultra – in alle Ewigkeit.

Taikia, 20. Jänner 1908, von meinem Krankenlager aus

Josef Freinademetz.«

In aller Ruhe empfängt der Ujöp aus Oies im fernen China die Krankensalbung. Mit zittriger Hand schreibt er noch einen Brief an Pater Röser in Yenchowfu: »Schreibe Ihnen vom Bett aus. Wohl typhuskrank; hatte gestern abend 39 Grad; habe wohl schon etwas geschwitzt; muss mich gefasst machen auf meine letzte Stunde! Fiat voluntas Dei Summi Omnipotentis – es geschehe der Wille des Höchsten Allmächtigen Gottes.«

Er sorgte sich noch um die Kranken in Yenchowfu: »Wenn man selbst krank ist, fühlt man, was einem gut täte. Wir schulden den Chinesen dasselbe. Sind wir doch gekommen, um zu dienen.« Fu Shenfu denkt auch in seinen letzten Tagen noch an seine Chinesen. Er will sogar mitten unter ihnen begraben sein. Ein Wunsch, der allerdings nicht erfüllt wird.

Angst hat er schon auch vor dem Sterben. Andererseits sagt er sich selber: »Ich habe zeitlebens meine Pflicht getan, wie es mir nur möglich war. Der liebe Gott wird schon gnädig sein. Ist doch schön, dass ich katholisch bin und so ruhig sterben darf.«

Geduldig lässt er alles über sich ergehen: Kneippkuren und – mit seiner ausdrücklichen Zustimmung – eine äußerst schmerzvolle Pustelkur, die eine alte chinesische Heilkundlerin vornimmt. Er will auch in dieser Situation ein Chinese sein. Über die letzten Tage helfen ihm Injektionen eines protestantischen Missionsarztes hinweg. Aus längerer Bewusstlosigkeit erwacht, stammelt der Todkranke mit letzter Kraft: »Dem Arzt danken.« – Dem, einem hartgesottenen Mediziner, den nach jahrelanger Tätigkeit in China nicht mehr viel erschüttern kann, kommen die Tränen: »So etwas habe ich noch nicht erlebt!«

Von überall her treffen Missionare ein, um ihrem Provinzial ein letztes Lebewohl zu sagen. Pater Bücker, der Senior von ihnen, spricht ihm den Dank seiner Mitbrüder aus: »Vergelte Ihnen der Herrgott, was Sie getan haben. Wir versprechen Ihnen, in Ihrem Geist weiterzuwirken.« So etwas kann Freinademetz natürlich nicht auf sich sitzen lassen: »Was, Sie wollen in meinem Geist weiterwirken? Ich habe längst nicht alles gut gemacht!«

Am 28. Jänner 1908, abends gegen 18 Uhr, stirbt Pater Josef Freinademetz.

»Es ist«, so drückt ein chinesischer Katechist seine Gefühle aus, »als ob ich Vater und Mutter zugleich verloren hätte.«

Am 1. Februar 1908 wird der Leichnam der chinesischen Erde übergeben. Es ist der Vorabend von Chinesisch Neujahr, dem größten Festtag im Reich der Mitte.

Vier Jahrzehnte später müssen die letzten Missionare Süd-Shantung verlassen. Das alte Reich der Mitte ist zur Volksrepublik Mao Tse-tungs geworden. In den Wirren der Kulturrevolution der sechziger Jahre wird der Missionarsfriedhof in Taikia zerstört, die Gräber eingeebnet. Fu Shenfu gehört für immer China.

Rund zehn Jahre später, am 19. Oktober 1975, wird über dem Hauptportal von Sankt Peter in Rom vor vielen tausend Gläubigen und vor Millionen von Fernsehzuschauern ein Teppich entrollt, auf dem neben Arnold Janssen der Chinamissionar Josef Freinademetz abgebildet ist:

»Kraft Unserer apostolischen Autorität haben Wir Josef Freinademetz in das Buch der Seligen eingeschrieben«, verkündet Papst Paul VI.

Am 5.Oktober 2003 wiederholt sich die Szene auf dem Petersplatz: Papst Johannes Paul II. hat für diesen Tag die Heiligsprechung festgelegt.

Bildnachweis

Umschlag: Gemälde von Ossi Kollreider

Historische Aufnahmen: SVD-Archiv 76, 77, 78, 80 unten, 82, 83, 84, 85 und 88

Jürgen Eheim 92 unten

Lothar Janek 73 und 75 oben

Wim van der Kallen 74, 75 unten, 87, 90 und 91

Frieda Penn 79, 80 oben, 81, 86, 88 unten, 89, 92 oben und 93 bis 96